Detlef Guhl

nützt ja nix

neue Geschichten vom Wühltisch

Umschlagbild: „David“ von Michelangelo

Für Karina und Bernhard

Impressum

Druck und Verlag: epubli GmbH, Berlin
www.epubli.de
ISBN 978-3-7450-2096-0
Printed in Germany
Bibliografische Information der Deutschen Nationalbibliothek
Die Deutsche Nationalbibliothek verzeichnet diese Publikation in der Deutschen Nationalbibliografie; detaillierte bibliografische Daten sind im Internet über http://dnb.d-nb.de abrufbar.

„Humor ist
Tragödie plus Zeit"

Woody Allen

Die unendliche Geschichte einer Fehlentscheidung mit bösem Ausgang – erzählt in vier Jahreszeiten

Frühling

Kaum schmilzt der letzte Schnee dahin,
der Dreck wird wieder sichtbar,
da fließt ein Strom tief in dir drin,
der ziemlich lange dicht war.

Es juckt und kribbelt Läusen gleich,
doch nicht in der Behaarung.
Die Luft ist mild, dein Sinn wird weich –
du bist bereit zur Paarung.

Das sind, so denkst du voller Lust,
des Lenzens holde Triebe.
Du willst – was heißt: du willst? – du ***musst***
es schreien: „ICH WILL LIEBE!!!"

Da war doch was – so süß und lind
mit Bienen und mit Blüten –
jedoch: im nächsten Jahr ein Kind?
Nee, besser wär' verhüten.

2

Sommer

Was dir im Lenz ein warmer Hauch,
das wird dir jetzt zur Schwüle.
Die Sonne brennt auf Brust und Bauch –
du sehnst herbei die kühle

Oktoberluft. Doch die ist fern,
der Sommerwind weht Mücken.
Bekanntlich stechen Mücken gern.
Die Sonne brennt auf Rücken,

auf Arme, Beine, Bauch und Brust
und auf die heiße Stirne!
Dir wird bewusst: du wirst bewusst-
los! Sonnenstich im Hirne!

Ein Bett im Kornfeld, du liegst platt
darin wie eine Flunder.
Wenn man dich nicht gefunden hat,
vertrocknest du – kein Wunder!

Herbst

Die Hitze schwindet, golden wird's,
auch stürmisch kann es werden.
Um deinen trocknen Leichnam schwirrt's –
und bald wirst du zu Erden.

Die Trauben reifen. Du bist reif
für deine letzten Runden.
Du bist zwar jetzt noch ziemlich steif,
weil man dich nicht gefunden,

doch balde, balde ruhest du
als Humus auf dem Acker.
Ein Wurm ruft es dem andern zu:
„Da liegt ein toter Macker!"

Dann bist du fort, ganz einfach so,
bis auf 'ne Handvoll Knochen.
Darüber sei mal besser froh –
hast nicht mehr gut gerochen.

4

Winter

Der Schnee, wenn er denn fallen tät,
bedecket dein Gerippe.
Zur Paarung ist es jetzt zu spät.
Zur Gründung einer Sippe,

da hättest du zur Frühlingszeit
dich zu entschließen müssen,
denn welche hübsche, dralle Maid
will ein Gerippe küssen?

Du willst nochmal auf „LOS“ zurück?
Willst alles besser machen?
In Frost und Kälte? Na, ein Stück
weit ist das doch zum Lachen!

Du hast darüber nachgedacht?
Du willst ‘ne Chance, ‘ne zweite?
Nun, wenn’s dir keine Mühe macht,
dann geh zurück zur Seite . . .

>1<

5

Wischwisch

„Ich will endlich auch so ein Wischwisch haben!!"
Mein Freund schreckte von seiner Lektüre hoch.
„***Was*** willst du haben?" fragte er seine Frau. Nein, nicht die mit dem Katzenpilz (*). Ich habe mehr als einen Freund, müssen Sie wissen.
„Ich will ein Smartphone – so ein Ding, was alle haben und wo man dauernd drauf herum wischt."
Mein Freund und seine Frau sind schon ein paar Jahre älter, was sich zum Beispiel darin äußert, dass sich beide standhaft weigern, telefonisch über ihre Handys erreichbar zu sein, sondern eisern darauf bestehen, als Festnetz-Fans akzeptiert zu werden. Also, mein Freund weigert sich standhafter als seine Frau – das muss zu ihrer Ehrenrettung gesagt werden. Wie sie überhaupt *diejenige* in dieser seit vielen Jahren ausgesprochen glücklichen Beziehung ist, die sich dem technischen Fortschritt auf dem sozialen Netzwerk-Terrain aufgeschlossener gegenüber verhält. *Sie* war es nämlich, die vor Jahren darauf bestand, dass ein Laptop ins Haus kam.
„So ein Laptop kommt mir nicht ins Haus!!!" grantelte mein Freund wochenlang.
„Dieses ganze Kabelgedöns von einem Zimmer ins andere – nää, will ich nicht!!"
Seine Chancen waren allerdings ausgesprochen gering.

6

Natürlich stand alsbald ein Laptop im Zimmer seiner Frau – ohne „Kabelgedöns“ durchs ganze Haus.
„Das funktioniert mit Bluetooth“, erklärte sie meinem Freund und zeigte auf einen kleinen Stick, der aus dem Laptop herausragte. Nun ist mein Freund nicht gerade als Macho verschrien, aber eine solche Belehrung nagte doch an ihm. Auf irgendwelchen dunklen Kanälen gelangte er an Informationen, die er bei der nächstbesten Gelegenheit an die Frau zu bringen wusste:
„Was hat denn der dänische Wikingerkönig Harald Blauzahn mit deinem Laptop zu tun?“ fragte er sein Ehegespons. Da außer seiner Frau kein Publikum anwesend war, verpuffte sein intellektueller Einwurf, denn sie zeigte sich davon wenig beeindruckt.
„Das kann ich dir sagen. Ich muss das nur schnell googeln“, belehrte sie ihn.
Er rächte sich für die Installation dieses Teufelsgeräts, in dem er sich hinter dem Rücken seiner Liebsten mehr und mehr mit dem Teil beschäftigte – „learnig by doing“, wie er mir verschwörerisch anvertraute. Irgendwann hatte er das Ding total okkupiert, was er aber stets beharrlich leugnet.
„Sitzt du schon wieder vor der Kiste? Kann ich da vielleicht auch mal dran??“
„Ich bin gar nicht am Computer – ich hab nur gerade eine Rechnung überwiesen“ oder „Ich bin schon weg! Hab nur mal schnell die Mails gelesen!“ sind seine Standardausflüchte, wenn seine Frau sich wieder mal

beschwert. Und so ließ ihre Reaktion nicht lange auf sich warten:
„Ich will endlich auch so ein Wischwisch haben!!" – soweit waren wir ja schon.
„Du hängst dauernd vor *meinem* Laptop! Ich muss ja schon einen Antrag stellen, wenn ich mal da dran will!"
„Was willst du denn mit einem Smartphone? Wir haben zwei Handys – eins fürs Auto und eins für den Zug. Das muss doch reichen. Die Leute rufen uns ja doch nur auf dem Festnetz an!"
„Handys, Handys!" Verächtliches Schnauben.
„Das sind inzwischen Antiquitäten. Kein Mensch benutzt heute noch ein Handy! Außerdem will ich damit ja gar nicht telefonieren. Ich will whatsappen – *whats--appen*!! Und fotografieren!! *Alle* haben ein Wischwisch! Schau dich draußen mal um!"
Mein Freund wagte nicht zu fragen, was *whatsappen* denn eigentlich heißt, aber er schaute sich um. Beim nächsten Gang durch die benachbarte Fußgängerzone gelang es ihm mit großer Mühe, zirka ein Dutzend Kollisionen mit Whatsappern weiblichen und männlichen Geschlechts – vielleicht waren auch ein paar intersexuelle Mitmenschen darunter, das ist ja heutzutage alles nicht mehr ganz einfach, wenn man den Politiker*innen lauscht – zu verhindern, indem er einen Slalom lief, der die gesamte Neureuther-Familie zu ihren besten Zeiten in den Schatten gestellt hätte.
„Stell dir vor", entrüstete er sich vor seiner Frau, „die

gucken gar nicht mehr nach vorne! Die starren nur noch auf ihr Smartphone!! Die hätten mich glatt umgerannt, wenn ich nicht zur Seite gegangen wäre!!! *Sowas* willst du auch haben???!!!“

Einen Monat später machten die beiden einen Urlaub im Pfälzer Wald, und mein Freund, der sich mit Recht viel auf seinen Orientierungssinn zu Gute hält, dirigierte seine Liebste auf der Ludwigshöhe mit schlafwandlerischer Sicherheit durch den dunklen Tann. Ab und an warf er einen Blick auf die Wanderkarte – nur zur Standortbestimmung, versteht sich, doch irgendwann wurde sein Schritt zögerlicher und die Blicke auf die Karte häufiger.

„Allmählich versteh‘ ich das nicht mehr . . . hier müsste doch schon längst die Biegung nach links aufgetaucht sein . . . wir müssten doch auf dem Rundweg . . . warte mal . . . ich geh‘ noch bis zur Kiefer . . . aber dann müssten wir . . . kannst du noch???“ Er klang ernsthaft besorgt um die Kondition seiner ihm sowohl angetrauten als auch ihm bedingungslos vertrauenden Partnerin.

„Ja, geht schon noch – aber wo sind wir denn jetzt eigentlich? Wenn das ein Rundweg ist, müssten wir doch mal nach links gehen. Ist das denn überhaupt der richtige Weg?“

Nichts kratzt so sehr an der Ehre meines Freundes wie die Infragestellung seiner Orientierungsfähigkeit und seines Koordinatensystems im Hirn. Er ist, wie er nicht müde wird zu behaupten, mit einer Landkarte im Kopf geboren. Diesmal schien sich die Geographie allerdings gegen ihn verschworen zu haben. Da, wo nach seiner Karte die Höhenlinien einen Anstieg verhießen, ging es bergab, da, wo der Weg endlich – *endlich* – nach links schwenken musste, lief er nach rechts. Als er bei der Kiefer ankam, die er als letzten Etappenpunkt bestimmt hatte – „wenn da wieder nichts ist, gehen wir zurück, Liebling – nützt ja nix!!!" – und die ihn schmählich im Stich ließ, weil von da aus betrachtet wieder nichts war, erschienen hinter ihnen zwei junge Pärchen in Wanderkluft. Sein Liebling, inzwischen ziemlich genervt, sprach die Vier an und fragte, ob sie wohl wüssten, wo um alles in der Welt man sich hier eigentlich befände. Einer der beiden jungen Männer zückte – ein Smartphone. Es folgte eine kurze, aber intensive Einführung in das Navigationssystem des Samsung 5, der sich mein Freund mit abgewandtem Kopf und zur Schau gestelltem Desinteresse verweigerte. Seine Frau hörte mit großem Eifer den Ausführungen der übernächsten Generation zu und nickte mehrfach verständnisvoll mit dem Kopf. Nach kurzer Abfrage des gelernten Stoffes verabschiedeten sich die jungen Leute und bogen vor der Kiefer links in einen Trampelpfad ab, den mein Freund offensichtlich übersehen hatte.

„Und – wo sind wir nun? Wo geht es jetzt weiter?"

„Weiß ich nicht. Ich kenn' mich mit Landkarten nicht aus, weißt du doch! Dafür bist *du* zuständig. Aber wenn ich jetzt *selbst* ein Wischwisch hätte, könntest du . . . ."

„Jaja, schon gut. Wir gehen jetzt hier links ins Dickicht. Irgendwann müssen wir ja mal auf den Rückweg stoßen und zurück zur Seilbahn kommen!!"
Nach gefühlten mehreren Stunden stießen sie tatsächlich auf einen Weg, der in die entgegengesetzte Richtung lief – wenn auch bergauf statt bergab, wie es die Karte vorschrieb.
Was wäre jetzt, dachte mein Freund in immer größerer, wenn auch stummer Verzweiflung, wenn uns hier was zustieße? Wo ist mein Handy? Klar, das Auto-Handy ist da, wo es hingehört: Im Auto! Sonst hieße es ja auch nicht so. Und das andere ist zu Hause, weil wir ja nicht mit dem Zug gefahren sind. Irgendwas läuft mir hier gerade aus dem Ruder. Aber jetzt bloß keine Schwäche zeigen. Die Schwäche des Anführers demoralisiert die Truppe. Apropos ‚Truppe':
„Kannst du noch, Liebling?? Wir müssten jetzt eigentlich gleich da sein."
Die Truppe wankte mehr als sie ging und warf mit Blicken um sich, die eine gewisse Skepsis erahnen ließen. Im Laufe eines langen Ehelebens, so habe ich mir sagen lassen, kommt ein Paar immer mal wieder an eine Weggabelung, an der es sich entscheidet, ob die Liebe geht oder bleibt. Bleibt sie, wird sie größer, geht sie, ist sie weg. Als könnte er Gedanken lesen, rief mein Freund just in diesem Augenblick:
„Schau mal, Liebling, da vorne ist eine Weggabelung. Wenn wir da links gehen, müssten wir gleich da sein!"

Nach weiteren gefühlten mehreren Stunden tönten plötzlich Kindergeschrei und Elterngebrüll durch den Wald. Nie waren meinem Freund und seiner Frau die schrillen Rufe nach Eis, Limo und Pommes und die gebrüllte Ablehnung gestresster Eltern nebst Androhung von Ohrfeigen und Aussetzung im Wald – wir erinnern uns mit Schaudern an Hänsel und Gretel – wie liebliche Musik erschienen. Der stille Wald samt Rundweg lag hinter ihnen, die laute Welt hatte sie wieder.
Zwei Wochen später hatte die Frau meines Freundes ein Smartphone . . .
Hatte man vorher schon gelebt?
Alles war plötzlich anders, alles war irgendwie einfacher. Man brauchte zum Beispiel keinen Wetterbericht mehr, weil Samsung weiß, wie kalt, warm, nass oder stürmisch es ist.
„Mach‘ mal bitte den Schirm auf, es regnet!“ bat die Frau meines Freundes auf einem Spaziergang durch den nahegelegenen Park.
„??? Es *regnet*?? Wieso denn das? Ich seh‘ da nur ein paar Wolken.“
„Mein Wischwisch sagt aber, dass es regnet!“ erwiderte seine Frau und hielt ihm den meteorologischen Tagesbericht vor die Nase.
„Dann spinnt dein Wischwisch!“
„Mein Wischwisch spinnt nicht! Dann stimmt eben irgendwas mit dem Wetter nicht!“
Sie zwinkerte ihm höchst amüsiert zu, als sie sein ver-

dutztes Gesicht sah. Nach mehreren Fehlinformationen hatte die meteorologische Kompetenz des Smartphones bei ihr an Boden verloren, aber „irren ist menschlich", erklärte sie ihm.
„Menschlich?? Aber das Smartphone ist doch ... egal!"
Außerdem kann das Teil ja noch mehr:
„Willst du wissen, wo wir sind?"
Mein Freund, dessen ausgeprägtes Selbstwertgefühl in Sachen ‚Standortbestimmung' nach dem deprimierenden Erlebnis im Pfälzer Wald mächtig gelitten hatte, blickte verunsichert um sich und hielt vorsichtshalber nach möglichen Straßenschildern Ausschau.
„Naja, ich denke, wir sind hier auf der Kantstraße Ecke Wilmersdorfer, oder?!"
Seine Frau ignorierte die Auskunft.
„Guck mal, wir sind hier – ***hier***, wo der blaue Kreis ist. Kantstraße Ecke Wilmersdorfer! Da staunst du, was? Was mein Wischwisch alles weiß!!" Triumphierend hielt sie ihm die leuchtende Grafik vor die Nase, aber er hütete sich, das Ding in die Hand zu nehmen. Er hatte es mehrfach versucht, um eine Nachricht oder ein Foto zu betrachten, und jedes Mal hatte er irgendwo draufgedrückt, wo man tunlichst nicht draufdrücken sollte, wenn man Wischwisch nicht zum Absturz bringen will.
„Lach' mal!!" forderte ihn seine Liebste auf, als er in trauter Zweisamkeit mit ihr beim Tee saß und dabei versuchte, der Tageszeitungs-Informationsflut einigermaßen Herr zu werden.

„Warum soll ich denn lachen? Ich lese hier gerade von Erdogan und von Trump. Das ist eher zum Weinen!"
„Lach' doch mal. Ich will dich mit meinem Wischwisch fotografieren. Dann schick ich das unseren Kindern."
Dem konnte mein Freund sich schwerlich verweigern. Also lachte er die Rückseite des Samsung an, auf dass seine Kinder was zu lachen hatten.
„Was machst du denn für ein Gesicht? Du solltest doch ***lachen***!"
Konnte es sein, dass das Wischwisch seiner Frau mitbekommen hatte, dass mein Freund mit ihm nichts zu tun haben wollte? Sah er deshalb auf den Fotos so bescheuert aus? Wer wollte das ausschließen? Heutzutage schien alles möglich. Erst kürzlich hatte er von einer Puppe gelesen, die der Bundesnachrichtendienst als Spion enttarnt hatte und die er nun in allen Kinderzimmern verhaften ließ.
Was für eine Welt!!
„Hast du gelesen, dass das Deutsche Sinfonieorchester einen neuen Dirigenten bekommt? Einen Briten mit italienischem Namen: Robin Ticciati! Wie spricht man den Namen denn aus?"
„Ich frag mal mein Wischwisch!"
Und du wirst es nicht glauben, erzählt mir mein Freund, das Ding *spricht*!! **„Ti-tscha-ti"** – kannst du dir sowas vorstellen? Das Wischwisch sagt doch tatsächlich **„Ti-tscha-ti"**.

Mein Freund beschloss, scinen Frieden mit dem Smartphone zu machen. Nun gut, er musste ja nicht gleich Freundschaft schließen mit dem Wischwisch – und zu nahe treten wollte er ihm ebenfalls nicht. Eine höfliche Distanz sollte doch mit diesem Teil möglich sein, denn es sollte ja auch zu *ihm* nicht in Liebe entflammen, wie er es von Samsung 7 des Öfteren gehört und gelesen hatte.
Allmählich aber – so ließ er mich nach einer gewissen Zeit wissen – musste er widerwillig zugeben, dass das häusliche Leben mit dem Wischwisch melodischer geworden war. Wenn Whatapps mit Text, Bild oder Ton eintrudelten – und das geschah nicht selten, denn ganz offensichtlich hatte sich die Kommunikation im Verwandten-, Freundes- und Bekanntenkreis fast ausschließlich auf Whatapps verlagert – und gelesen werden wollten, ertönte jedes Mal ein lustiges Pfeifkonzert.

Seinem Kanarienvogel hat er inzwischen die Freiheit geschenkt.
Wischwisch flötet besser!!!

(*) *siehe „Die Diagnose" im Buch* ***„nee, echt jetzt?!"***

Fahrscheinkontrolle

Ein Drama in zwei U-Bahnen und in zwei Akten

1. Akt

Ein Wagen der U 2 in Berlin, ziemlich voll besetzt. Am Bahnhof Kaiserdamm steigt ein auffällig unauffällig gekleideter Mann ein. Die Türen schließen sich, die U-Bahn fährt weiter.

Kontrolleur: „Fahrscheinkontrolle!! Darf ich bitte mal Ihren Fahrschein sehen?"

Männlicher Fahrgast: „Oh, warten Sie –"

(er kramt mit seiner rechten Hand in seiner rechten Jackentasche) –

„Gesetzt den Fall, ich hätte jetzt leider kein Ticket . . ."

K: „Sie haben also keinen Fahrschein?! Dann muss ich Sie bitten, an der . . ."

MF: „Moooo-ment! Ich sagte: Gesetzt den Fall . . ."

(er kramt jetzt mit seiner linken Hand in seiner linken Jackentasche) –

„Dabei geht es ja nicht um die Frage, ***ob*** ich ein Ticket habe, sondern darum, ***wo*** ich es habe . . ."

K: „Also für *mich* geht es darum, *ob* Sie . . ."

MF: „Sehen Sie, mein Herr, dass ist das Übel unserer Zeit. Es geht doch eigentlich um ganz andere Dinge – um existenzielle Fragen: Wohin steuert Amerika? Was macht Angela Merkel, wenn sie keine Kanzlerin mehr wäre? Wieso fällt das Butterbrot immer auf die Butterseite? Warum ist der Ton in Fernsehfilmen so unglaublich schlecht? Sowas in der Richtung! Sie kennen doch sicherlich die Systemfrage: Warum leckt sich der Hund die Eier?"

K: „Der Hund leckt sich die…? Keine Ahnung."

MF: „Weil er's **kann**!! Warum sprechen Judith Rakers oder Klaus Kleber die Nachrichten nicht mal nackt?"

K: „Meinen Sie, die könnten das? Vielleicht auch Caren Miosga oder Claudia Kleinert?"

MF: „Sie könnten schon! Vielleicht wollten sie sogar! Aber sie dürfen nicht, glaube ich. Mit dem Glauben ist das auch so eine Sache – glauben kann man nur, was man auch leugnen kann, sagt meine Frau. Mein Vater sagte immer, er glaubt, dass ein Pfund Rindfleisch eine gute Suppe gäbe. Aber das glaube ich nicht, denn das kann man so eigentlich ja nicht leugnen, oder? Was glauben *Sie*?"

K: „Meinen Sie das jetzt mit der Suppe . . .?"

MF: „Neinnein, mehr so allgemein – weltanschaulich."

K: „Ich glaube, dass Sie keinen Fahrschein haben. Wohin wollen Sie eigentlich?"

MF: „Sehen Sie, wieder so eine dieser wichtigen Fragen des Lebens: Woher kommen wir, wohin wollen wir? Wollen wir wissen, woher wir kommen und wohin wir gehen? Woher kommen *Sie*?"

K: „Also ich komme aus Köpenick . . . also da wohne ich – seit sechs Jahren."

MF: „Aber Sie sind da nicht geboren? Dann müssten Sie eigentlich meine Frau kennen, die ist gebürtig auch nicht aus Köpenick! Hahahahahaha . . ."

K: „Ihre Frau kenne ich nicht. Ich wusste ja bis jetzt nicht einmal, dass Sie verheiratet sind…“
MF: „Ooooh doch, das habe ich Ihnen gesagt. Ich habe gesagt, dass meine Frau sagt, man könne nur glauben, was man auch leugnen kann, erinnern Sie sich?“
K: „Jetzt, wo Sie’s sagen . . .“
MF: „Sag ich doch! Also *ich* komme aus Charlottenburg – also nicht gebürtig – gebürtig bin ich aus dem Ruhrgebiet, habe aber dreißig Jahre lang in Ostfriesland gelebt – aber Sie wissen ja, wie das ist – “
K: „Nein!“
MF: „Nein?? Wieso ‚nein‘? Sind Sie der Geist, der stets verneint?“
K: „Ich? . . . Ein Geist? . . . Neinnein!“
MF: „Da, schon wieder ‚Nein‘!“
(er macht einen Ausfallschritt auf den Kontrolleur zu, nimmt die rechte Hand aus der Jackentasche, ballt sie zur Faust, hebt den rechten Arm und streckt ihn dem Kontrolleur entgegen) –
„Ich bin derrr Geist, derrr stets verneint!
Und das mit Rrrecht; denn alles, was entsteht,
Ist werrrt, dass es zugrrrunde geht;
Drrrum besser wärrr’s, dass nichts entstünde.
So ist denn alles, was Ihrrr Sünde,
Zerstörrrung, kurrrz, das Böse nennt,
Mein eigentliches Element! Faust!“
K: „Wie jetzt??“ – *(der Kontrolleur weicht zurück)* –
MF: „Faust! Doktor Faust! Mephistopheles!!“
K: „Angenehm“ *(er streckt ihm die rechte Hand entgegen,*

ergreift dessen rechte Hand und schüttelt sie) –

„Kurpjuweit! Sagen Sie, Doktor Faust, heißen Sie mit Vornamen *wirklich* Metisfo . . . Mefitso . . . Mefif . . .?"

MF: „Neinnein, Herr Kruppjuweit . . ."

K: „*Kurp*-juweit!"

MF: „Faust! Von Goethe! Johann Wolfgang von!"

Die U-Bahn hält, Leute steigen aus und ein. Vom anderen Ende des Wagens tritt ein kräftiger junger Mann auf, stellt sich in den Mittelgang, wirft seine strähnigen Haare nach hinten und hält mehrere Zeitungen hoch. Mit einer eintönigen Singstimme beginnt er zu deklamieren.

Junger Mann: „Entschuldigen Sie bitte dass ich Sie belästige aber mein Name ist Finn-Dschastiin und ich habe eine Wohnung die ich mit IKEA-Möbeln eingerichtet habe aber meine Freundin hat alle Sachen hinter meinem Rücken verkauft weil sie ihr nicht gefielen und ich sitz jetzt auf den Raten weil kein Stuhl mehr da ist und habe seit zehn Minuten nichts mehr gegessen und getrunken und sowas mag ich **gar nicht** da werde ich stinksauer und deshalb möchte ich Sie fragen ob Sie mir wohl eine Zeitung abkaufen wollen. Wenn Sie mir **keine** abkaufen dann fange ich an zu singen – und das ist so fürchterlich das können Sie sich gar nicht vorstellen. Ich danke Ihnen für Ihre Aufmerksamkeit und wünsche Ihnen noch einen schönen Tag."

(er geht langsam den Mittelgang hoch und nähert sich dem Kontrolleur und dem männlichen Fahrgast. Dabei schaut er jedem Reisenden ins Gesicht und hält ihm die Zeitung vor, was

aber gar nicht so einfach ist, weil jede und jeder jeden Blickkontakt vermeidet. Manche blicken mit rückwärts gedrehtem Kopf aus dem Fenster in die Tunneldunkelheit, manche starren auf ihre Schuhe) –

Finn-Justin: **„Ick ha' euch jewarnt ick sing jetz!"**

(er holt eine Mundharmonika aus der Tasche, wirft seinen Kopf in den Nacken und bläst ein paar Takte Vorspiel. Dann brüllt er los) –

„O wenn se säääns – go maatsching in – o wenn se säääääääns go maaaatsching i-in – o jäää ei wonnt tu biie in sätt nammber – o wenn se säääänns go maaa – tsching in!"

Alle Fahrgäste: „Aufhören!!" – „Das ist ja schrecklich!!!" – „Hör sofort auf und gib mir eine Zeitung!!!"

Tourist: „Ei, du hasch noch nix gess? Ei, geh fott, du musch doch was esse!! Im Saarland sahn mir immer: Hauptsach gut gess, geschafft hann mir schnell!!"

(der Saarländer – unverkennbar – gibt Finn-Justin ein Baguettebrötchen, was der mit beiden freien Händen greift, weil er alle Zeitungen verkauft hat. Er beißt hinein und will sich am Kontrolleur vorbeidrücken) –

K: „Haaalt! Sie haben *gesungen* !! Haben Sie denn zum Singen eine Wochenlizenz?"

MF: „Ich hab doch nicht *gesungen*! Ich habe aus Faust rezitiert!"

K: „Ich meine Sie doch gar nicht, Herr Goethe! Ich meine doch den jungen Mann hier. Zeigen Sie mir mal Ihren Fahrschein!" *(er zeigt auf Finn) –*

Finn-Justin: *(hält dem Kontrolleur die rechte Hand mit dem Baguette hin und antwortet mit vollem Mund) –*
„Meim Mame iff Fimm-Faffpim . . ."
MF: „Ich heiß eigentlich Hundgeburt und nicht Goethe, aber ich habe den Namen meiner Frau angenommen. Wer will denn schon Hundgeburt heißen? Gestatten – Schiller!"
(er streckt die rechte Hand aus und ergreift das Baguette von Finn-Justin) –
K: „Also gut – Schiller und nicht Goethe! Meinetwegen. Aber ich glaube, das Baguette war für mich! Was ist denn drauf?"
(er nimmt Herrn Schiller das Baguette aus der Hand) –
Finn-Justin: *(kaut immer noch mit vollen Backen) –*
„Käwe!"
Tourist: „Ei, geh fott, isch hann doch gesaht, er hat noch nix gess! **Ei, er musch doch was esse!!"**
K: „Käse?? Käse mit Ei?? Käse mit Ei mag ich nicht!" *(er wendet sich an den Saarländer und reicht ihm das Baguette) –*
„Darf ich mal *Ihre* Fahrkarte sehen??!!"
Tourist: „Ei joo . . ."
(er kramt mit den Händen in seinen Jackentaschen, wobei sich das Baguette als ziemlich hinderlich erweist. Er gibt es deshalb Finn-Justin. Der ergreift es und beißt wieder hinein) –
K: „Ihre – Fahr – karte – bitte !!"
Tourist: „Ei joo! Ei, isch hann doch eine gehatt!! Isch hann noch zu dem Sabine gesaht, ei du musch noch eine Kaht hole, isch kahf in der Zeit geschwind en Bagett!"

MF: „Hier, nehmen Sie meine, ich steige am nächsten Bahnhof aus."

(er reicht dem Saarländer sein Ticket) –

K: „Neinnein, Herr Goethe – ääh, Schiller, das ist verboten. Die Beförderungsbedingungen lassen das nicht . . ."

MF: „Aber nun seien Sie doch bitte nicht so streng, Herr Kruppjuweit!"

K: „*Kurp*-juweit!!"

Tourist: „Ei, do hann isch se joo!"

(er zeigt dem Kontrolleur seine Fahrkarte) –

„Hann ***Sie*** denn eigentlisch e Fahkaht?"

K: „Ich? Wieso . . nein . . ich bin Kontrolleur! Hier ist mein Dienstausweis."

(er hält dem Saarländer seinen Ausweis vor die Nase) –

Tourist: „Ei, Sie hann kei Ticket?? Isch hann jezz zwee! Hier!!"

(er gibt dem Kontrolleur den Fahrschein von Herrn Goethe – ääh, Schiller) –

K: „ICH-BRAUCH-KEIN-TICKET!!!"

(er reicht den Fahrschein leicht verwirrt an Herrn Doktor Faust – ääh, Schiller weiter) –

Finn-Justin: *(mit vollem Mund immer noch an seinem Käse-Baguette kauend) –*

„Daapf iff meimem Pfahpfeim auch pfurückhaben?"

K: „Hier, bitte sehr!"

(der Kontrolleur, nun vollends verwirrt, gibt Finn-Justin seinen Dienstausweis) –

Finn-Justin: „Danke, Herr Kruppjuweit!" *(das Baguette ist weg) –*

K: „*Kurp*-juweit!"

Die U-Bahn hält. Herr Schiller und ein sehr zufriedener Finn-Justin (satt, alle Zeitungen verkauft und im Besitz eines BVG-Dienstausweises) steigen aus. Am anderen Ende des Wagens steigt ein auffällig unauffällig gekleideter Mann ein. Die Türen schließen sich, die U-Bahn fährt weiter.

Kontrolleur 2: „Guten Tag! Fahrscheinkontrolle! Dürfte ich bitte mal Ihren Fahrausweis sehen – ja, Ihren Fahrschein bitte!"
K: „Ich habe keinen, ich bin ein Kollege, Herr Kollege . . ."
K2: „Aha! Dann zeigen Sie mir doch bitte mal Ihren Dienstausweis, Herr! Kollege!"
K: „Oh, natürlich . . . warten Sie . . ."
(er kramt mit seinen Händen in beiden Jackentaschen) –
„ Oh . . ich glaube . . . ich habe den Ausweis . . eben dem Sänger . . . gegeben . . . der mit den Zeitungen . . . der mit dem Baguette . . . mit Käse . . ."
Tourist: „Ei, er hott noch nix gess. Ei, er mach kei Kääs!"
K2: „Jaja, ich weiß Bescheid. Bitte steigen Sie mit mir am nächsten Bahnhof aus! Keinen Fahrausweis . . . Amtsanmaßung . . . Bitte, kommen Sie!"
K: „Aber Herr Kollege, wenn ich's doch sage – mein Name ist Kruppjuweit . . . nein . . . nein, *Kurp*-juweit . . . und da war dieser Herr Doktor

Faust . . . nein . . . Goethe . . . nein . . . Schiller.“
K2: „Das gibt eine dicke Anzeige, mein Herr, eine ganz dicke!!“

Die U-Bahn hält, beide Kontrolleure verlassen den Wagen und setzen ihre Diskussion auf dem Bahnsteig fort. Es ertönt das Warnsignal, die Türen schließen sich und die U 2 fährt weiter.

- Vorhang -

2. Akt

Ein Wagen der U 9 in Berlin, ziemlich voll besetzt. Am Bahnhof Zoologischer Garten steigt ein kräftiger junger Mann ein. Die Türen schließen sich und die U-Bahn fährt weiter. Der junge Mann steht im Mittelgang und hält einen Ausweis hoch.

Junger Mann: „**Ruhe im Puff!!** Mein Name ist Finn-Dschastiin und meine Freundin hat meine IKEA-Möbel verkauft und ich sitz jetzt auf den Raten aber das ist mir schnurzpiepe und gegessen hab ich auch schon und auch alle Zeitungen verkauft aber dafür bin ich jetzt seit zehn Minuten Kontrolleur bei der BVG hier ist mein Ausweis und wer sich jetzt als Schwarzfahrer freiwillig meldet der kriegt von mir einen Rabatt von fünfzig Prozent und wenn sich keiner meldet dann sing ich – und das ist so fürchterlich das könnt Ihr Euch gar nicht vorstellen. Also: **Fahrscheinkontrolle!!**“
(3 Arme schnellen hoch, Finn-Justin kassiert 3 x 60 € minus 50 % macht 90 €, überschlägt, wieviel er pro Zug in 3 Stunden verdient, findet sein Leben optimal und wechselt den Wagen)

- Vorhang -

„Es gibt amüsantere Dinge,
als Leute zu verhauen“

Muhammad Ali

David und Goliath

Die biblische Geschichte als Intensivkurs in Reimformen

*– beginnen wir mit dem **Paarreim** –*

Tausend Jahr‘ vor Jesus Christ
folgendes geschehen ist:
König Saul geriet in Streit
mit den Philistern. Weit und breit

gab’s keinen, der dem Goliath
gewachsen war! Ja, guter Rat
war auch schon damals ziemlich teuer!
Wer könnte dieses Ungeheuer

im Zweikampf wohl final besiegen?
Bei des Königs Tochter liegen
dürfte ***der*** zum Lohn der Tat,
der Goliath geköpfet hat,

und wer die Tochter sah, der weiß:
der Preis für diesen Sieg ist heiß . . . !
Das lockte wohl so manchen Krieger,
doch Goliath blieb stets der Sieger.

– *weiter geht es mit dem* ***Kreuzreim*** –

dem König Saul wird langsam bang,
er raufet sich die Locken.
Der Kampf, er dauert viel zu lang,
er muss den Lohn aufstocken.

„Wer Goliath zu Boden ringt,
ohne Wenn und Aber –
wer restlos ihn zur Strecke bringt,
ohne viel Gelaber –

der kriegt zu meinem Michal-Kind
auch noch meine Krone
und zieht mit Sack und Pack geschwind
ins Schloss, wo ich jetzt wohne."

Die Geschichte kommt in Fahrt –
Saul, sorgenvoll apathisch,
bittet David an den Start.
Jetzt wird es hochdramatisch . . .

David, dieser kecke Wicht,
dachte, als er Goliath sah:
„Das überleb‘ ich . . . oder nicht."
Wir wissen, was danach geschah –

*– wenden wir uns nun dem **Schweifreim** zu –*

David war Sauls Waffenträger,
beruflich Hirte, manchmal Jäger.
Als solcher würgte er den Leu.
Gegen Riesen anzustinken,
weil ihm Frau und Krone winken –
dieser Job, der war ihm neu!

Doch die Arbeitsagentur –
Warteschlange auf dem Flur –
sprach: „Das liegt bei dir!
Ich gebe dir den guten Rat:
du machst für Saul jetzt den Soldat –
sonst streich‘ ich dir Hartz vier!“

Jetzt tritt Abner auf die Bühne!
Abner möchte, dass der Hüne
Goliath den David haut!
Abner ist Premierminister
und er hofft, dass der Philister
Davids Hochzeitsfest versaut.

*– da sich die Geschichte nicht ins Unendliche auswalzen lässt, folgt jetzt für die nächsten drei Strophen der **Haufenreim** –*

Da stand er, der Riese,
David kriegt eine Krise,
fühlt sich plötzlich ganz miese,
kotzt vor Angst auf die Wiese.

Hat vor Furcht feuchte Hände,
denkt sich: Besser, ich wende
mich an Jahve, sonst ende
ich mit gebrochener Lende.

David schaut gläubig nach oben,
Jehova zu preisen, zu loben.
Die Philister und Goliath toben,
denn der Zweikampf wird dadurch verschoben.

– das war aber noch nicht alles! Der Vollständigkeit halber ist jetzt der ***umarmende Reim*** *dran –*

David atmet tief ein,
tritt mit Mut und verwegen
nun dem Riesen entgegen,
und er bückt sich zum Schein,

als wolle er sich ergeben.
Goliath fühlt sich gar prächtig,
siegessicher und mächtig –
na, der kann was erleben . . .

– wir nähern uns nun dem Ende der Geschichte, und dazu benutzen wir zunächst den ***verschränkten Reim*** *–*

David denkt sich, Schild und Schwert,
damit komme ich nicht dran,
Goliath ist zu groß für mich!
Auch die Lanze ist nichts wert.
Also, wenn das so ist, dann
krieg' ich mit der Zwille dich!!

Und beim Bücken hebt er auf
einen großen Kieselstein,
den er auf die Schleuder legt!
Und er schleudert ihn hinauf
in des Riesen Stirn hinein –
und der Riese, er bewegt . . .

– nun, wohin er sich bewegt und warum, das erfahren wir jetzt noch einmal im ***Kreuzreim*** *–*

. . . er bewegt sich zum Entsetzen
der Philister tot zur Erde.
Und sie rennen, flüchten, hetzen –
Goliath verloren!! Merde!!

– und weiter, noch einmal im ***Paarreim*** *–*

Seit vielen hundert Jahren drum
steht David im Uffizium rum.
Man fragt sich allerdings, wieso
mit nacktem Pint und nacktem Po?

*– jetzt fehlt uns nur noch der **Kettenreim**, und den erleben wir jetzt –*

Der Krieger trug doch ein Gewand,
schon wegen der Verfilmungsrechte.
Das ist doch aller Welt bekannt,
denn ehrlich, welcher Mime möchte
nackend durchs Gelände dackeln,
sich hauen wie die Söldnerknechte
und dabei mit dem Penis wackeln??

*– und zum Finale, weil er so schön ist, der **Limerick** –*

Wenn ihr denn wissen wollt, wieso
der David mit dem ***nackten*** Po
von frühmorgens bis spät
in den Uffizien steht –
dann fragt doch Michelangelo!

Der Ring

„Du siehst schlecht aus, Alter, was ist mit dir?"
Ich betrachtete meinen Freund, der bleich und mit Ringen unter den Augen am Stehtisch stand. Wir hatten uns bei Mehmet verabredet, um mal wieder was Gescheites zu essen.
„Hey, Jungs, guckt mal, ischab Finger wieder! Hier, is gewachsen, ischwör!" Mehmet hielt seinen Finger hoch und wackelte damit hin und her, während er mit der anderen Hand am Dönerspieß herumsäbelte. (*)
Mein Freund winkte erschöpft ab, dann führte er mit zitternder Hand sein Colaglas an die Lippen.
„Nun sag schon, was los ist. Du siehst aus wie Braunbier mit Spucke!" ermunterte ich ihn besorgt.
„Ich war in der Oper", murmelte er.
„Du lieber Himmel, da waren wir doch alle schon mal. Deswegen muss man doch nicht so aussehen! Oder musstest du mitsingen?"
Wieder winkte er ab.
„Mehmet, bring uns doch bitte zweimal die Falafel mit Pommes!" bestellte ich bei unserem Sternekoch und knuffte meinen Freund in die Seite.
„Nun erzähl schon – was ist denn los?"
„Ich war nicht in der ***Oper*** – ich war in ***der*** Oper. An ***vier*** Abenden hintereinander – und jedes Mal über ***vier*** Stunden. Wagner – Der Ring des Nibelungen."

„Willstu Falafel ***mit*** oder ***ohne*** Finger, Alter?“ brüllte Mehmet lachend dazwischen.

„Ich bin todmüde, fühle mich wie gerädert und kann auf meinem Hintern kaum noch sitzen“, murmelte mein Freund, „aber das Schlimmste ist: ich hab die ganze Geschichte überhaupt nicht begriffen. Das Ganze geht los mit Alberich.“

„Ach, die Christine Urspruch spielt da auch mit? Kann die denn überhaupt singen?“

„Wer ist jetzt Christine Urspruch?“

„Na, die Assistentin von Professor Boerne!“

„Und wer ist Professor Boerne?“

„Der Pathologe, der Rechtsmediziner in Münster, der Partner von Axel Prahl!“

„Axel Prahl??“

„Kommissar Thiel – vom Tatort.“

„Was haben die denn mit dem Ring zu tun? Alberich ist ein Zwerg . . .“

„Ja, das weiß ich doch. Deshalb nennt Boerne seine Assistentin doch auch so. Die Christine ist halt eben kleinwüchsig.“

„Nein, Alberich ist ein Zwerg, ein böser, ***männlicher*** Zwerg, der den Rheintöchtern das Gold klaut, um sich daraus einen Ring und einen Tarnhelm schmieden zu lassen. Eigentlich wollte er ja Woglinde, Wellgunde und Floßhilde vernaschen, aber das wussten die zu verhindern. Der Mime schmiedet ihm also nun einen Ring, der ihm alle Macht der Welt verleiht, aber dafür musste

er der Minne Macht entsagen – also kein Geschnacksel mehr, du verstehst?!"
„Welcher Mime?"
„Das ist Alberichs Bruder, der ist von Beruf Schmied."
„Der Mime heißt ***Mime***?? Na gut, weiter!"
„Also Alberich ist nun impotent, allmächtig und mit dem Helm überall und nirgends und drangsaliert in Nibelheim seine Nibelungen. Gleichzeitig streiten sich Wotan, Fricka, Donner und Froh mit den beiden Riesen Fafner und Fasolt, weil die Freia vernaschen wollen – als Lohn dafür, dass sie Walhall gebaut haben . . ."
„Wie bitte? Als Lohn für Bauarbeiten? Was sagt denn Verdi dazu?"
„Verdi und Wagner kannten sich doch gar nicht. Die waren zwar ein Jahrgang . . ."
„Ich meine doch nicht Giuseppe! Ich meine die Gewerkschaft! Bsirske! Vereinte Dienstleistung!"
„Unterbrich mich nicht immer! Also die Riesen sollen Freia nicht kriegen, nehmen sie aber als Geisel, bis sie das Rheingold haben, was aber Alberich in Nibelheim hat. Das wollen Wotan und Loge jetzt holen, aber Alberich hat den Ring, der Macht verleiht."
„Wo liegt eigentlich Nibelheim? Und wer ist Loge?"
„Loge ist der Feuergott, glaube ich, und Nibelheim liegt irgendwo am Rhein, ist aber Fiktion."
„Ach so, also so ungefähr wie Bielefeld. Das gibt's ja auch nicht!"
„Pass auf! Die beiden Götter überlisten jetzt den Zwerg,

klauen ihm den Ring und das Gold, lösen damit Freia bei den Riesen aus, aber der Ring ist von Alberich verflucht, weswegen Fafner im Streit seinen Bruder Fasolt erschlägt, sich in einen Lindwurm verwandelt und das Gold bewacht. Die Luft ist dick und schwül, Donner lässt es donnern, Froh baut einen Regenbogen, die Rheintöchter jammern nach ihrem Gold, drei Plätze weiter ist einer eingeschlafen, links neben mir muss einer niesen, worauf der Schläfer wach wird und sich über den Lärm beschwert. Wotan zeugt mit Erda die Walküre Brünnhilde und mit anderen Frauen noch acht weitere Walküren . . .“

„Moment, Moment . . . der zeugt auf der Bühne . . . und ***singt*** dabei? Das könnte ich nicht – zeugen ***und*** singen – unmöglich. Aber Wotan hat wohl das Zeug dazu! Wer ist denn Erda?“

„Erda ist die Urmutter . . .“

„So eine Urmutter haben wir auch in der Familie. Die lebt aber nicht in ***Nibelheim***, sondern im Altenheim.“

Mehmet brachte die Teller mit den Falafel.

„Hat Brünnhilde dicke Dinger?“ fragte er grinsend.

„Was meinst du denn ***damit***, Mehmet?“

„Zuhause Nachbarin über uns hat ***soo*** dicke Dinger“ – er hielt sich beide gewölbten Hände fünfzig Zentimeter vor seine Brust – „und Nachbar unter uns sagt immer, Nachbarin sieht aus wie Walküre, ischwör!“

„Mehmet, lass gut sein. Wo war ich jetzt . . . ? Ach ja, dann zeugt Wotan als ‚Wälse‘ – frag mich jetzt nicht,

was das nun wieder ist – mit einer Sterblichen noch die Zwillinge Siegmund und Sieglinde, die aber geraubt und verhökert wird – an den finsteren Hunding."
„Das ist aber ein Unding!" warf ich ein, worauf mein Freund mich mit einem schiefen Blick bedachte.
„Wotan rammt dann viel später noch sein Schwert in die Weltesche und Siegmund tötet die Sippe eines Mannes, der ein Mädchen gegen dessen Willen heiratet."
„Schon wieder Hunding? Das passt doch chronologisch gar nicht zusammen, Alter! Und das alles hast du an vier Abenden ertragen?"
„Ja, von wegen", mein Freund stach in seine Pommes, „das war erst der ***erste*** Abend, mein Lieber!"
Ich verschluckte mich an einer Kichererbse in meinem Falafel.
„Mehmet, bring uns mal bitte eine Flasche Raki. Darauf muss ich jetzt einen Schluck Hochprozentigen trinken. Wie geht's denn dann weiter?"
Mein Freund blickte versonnen und kaute an seinen Pommes.
„Also am zweiten Abend ging gleich die Post ab! Siegmund hetzt durch den Wald, weil er vom Rest der Sippe verfolgt wird, findet Zuflucht bei einer jungen Frau und landet in der Hütte von – na? Hunding!! Der erkennt Siegmund und Siegmund erkennt seine Schwester Sieglinde. Hunding will Siegmund nun an den Kragen, weil der seine Sippe getötet hat, weil er die geraubte Zwillingsschwester geheiratet hat. Sieglinde betäubt mit ei-

nem Schlaftrunk ihren ungeliebten Mann . . ."
„Hunding!"
„. . genau; zeigt ihrem Bruder das Schwert in der Weltesche, der zieht es heraus – was bisher keiner konnte, und dann – also, ich weiß nicht, wie ich's sagen soll . . dann fallen die Geschwister im Liebesrausch übereinander her und . . . na, du weißt schon!"
„***Wie bitte***? Der bumst seine Schwester? Mitten auf der Bühne? Und die singen auch noch dabei??"
Mehmet, der gerade inbrünstig den Dönerspieß besäbelte, hielt inne.
„Was hörisch? Der ***Bruder***? Die ***Schwester***? ***Isch hau dem aufs Maul!!"***
„Reg dich ab, Mehmet. Das ist doch nur eine Oper. Das hat der Richard Wagner so geschrieben."
„Wo wohnt dieser Rischard? Isch mach den Krankenhaus, wallah!" brüllte Mehmet und bearbeitete den Dönerspieß, als würde sich Wagner daran drehen.
Wir spülten Falafel und Pommes mit einem kräftigen Schluck Raki herunter, bevor mein Freund fortfuhr:
„Als Hunding erwacht, ist er natürlich stinksauer und beschwert sich bei Fricka. Die ist natürlich auch sauer und verlangt von Wotan den Tod von Siegmund. Die beiden haben einen heftigen Zoff und singen sich die Seele aus dem Leib. Wotan findet die Geschwisterliebe gar nicht so schlimm, Fricka als Moralshüterin ist außer sich, Wotan singt, er brauche Siegmund, um Ring und Macht zurückzukriegen, und deshalb soll Brünnhilde,

seine Lieblingswalküre, den Siegmund vor Hunding beschützen. Fricka ist da ganz anderer Meinung, Wotan knickt ein und gibt Brünnhilde nun den Auftrag, Hunding vor Siegmund zu beschützen und irgendwann blickt dann keiner mehr durch, ich am allerwenigsten und deshalb brauch‘ ich jetzt einen Raki.“

Wir nahmen beide einen kräftigen Schluck, dann fuhr mein Freund fort:

„Brünnhilde will wissen, woher der Sinneswandel ihres Vaters kommt, und Wotan erzählt ihr, singend natürlich, von Alberichs Sohn, den der Zwerg mit einer Frau gezeugt hat – Liebe gegen Gold, du verstehst?!“

„Schweinkram, wallah! Warstu ***Opernhaus*** oder ***Freudenhaus***, Alter?“ brummte Mehmet.

„Und wenn dieser Sohn den Ring ergattert, ist Sense mit den Göttern! Also weiter: Brünnhilde trifft die liebenden Geschwister . . .“

„Schweinkram, Alter!!“

„ . . . und ist so gerührt von dieser Liebe – halt die Klappe, Mehmet –, dass sie beschließt, Wotans Befehl zu ignorieren. Es kommt zum Kampf zwischen Siegmund und Hunding, aber Wotan zerdeppert Siegmunds Schwert. Hunding tötet Siegmund und Wotan bringt Hunding um. Aber das dauert ewig, die sterben stundenlang. Immer hoffst du, jetzt sind sie tot, aber dann kommen sie wieder hoch und singen weiter. Brünnhilde flieht mit Sieglinde zu ihren Walkürenschwestern, aber die zeigen ihr die kalten Schultern. Wotan jagt seiner

ungehorsamen Brünnhilde hinterher, die prophezeit Sieglinde die Geburt eines Sohnes, den sie Siegfried nennen soll und gibt ihr die Einzelteile des Schwertes. Dann will Wotan seine ungehorsame Walkürentochter bestrafen. Sie soll auf einem Felsen in einen tiefen Schlaf fallen und ***dem*** mit allem Drum und Dran gehören und zu Willen sein, der sie daraus erweckt. . ."
„Schweinkram, nur Schweinkram!" knurrte Mehmet.
„Brünnhilde singt und jammert, bis Wotan die Strafe abschwächt. Um den Felsen lodert ein Feuer, und nur ein mutiger ***Held***, der das Feuer durchdringt, darf sie dann vernaschen. Während Brünnhilde nun einigermaßen beruhigt einschläft, wacht links vor mir ein Herr auf, weil neben ihm eine Dame Bonbons verteilt und mit der Dose rappelt. Die anschließende erregte Diskussion darüber, ob ein Hustenanfall störender wäre als eine rappelnde Dose mit Bonbons ***gegen*** besagten Hustenanfall, geht unter in einem frenetischen Beifall."
„Und das war's jetzt?" fragte ich hoffnungsvoll.
„Mitnichten! Das war erst der zweite Abend." Mein Freund biss in Falafel und Pommes und schüttelte sich.
„Das ist ja alles kalt, Mehmet. Schmeckt ja scheußlich."
„Binisch unschuldig, Alter, wenn du Schweinkram erzählst statt essen, wallah!!"
Mein Freund nahm einen ordentlichen Schluck Raki und rülpste vernehmlich. Ich spürte allmählich den reichlichen Genuss des Anisschnapses, und auch meinem Freund merkte ich dessen Wirkung an. Er schnauf-

te ein paarmal und holte dann tief Luft:
„Aaalso, ich fass mich dannma kurz, Alter, mussja auchma bald . . . ßum Schluss kommen mussich! Aaalso Sieglinde . . . trifft Mime, den zwergigen Bruder von . . Alberich . . . den Nilebungen . . . ääh . . Nibelungen und kriegt ein Kind und stirbt und das Kind heißt Siegfried und glaubt, der Zwerg . . der Mime . . der Schmied is sein Vater . . . und der Siegmund . . . nee, der Siegfried . . . der Siegmund isja schon tot . . . aaalso der Siegfried schmiedet sich . . . sein Notung . . .“
„Washassu gesagt? Wer is denn jezz Notung?“
„Notung heißt sein Schwert . . . dieses ßerdepperte Teil von Wotan . . . ßerdeppert . . . in der Weltesche . . . hassu schon vergessen? . . . Jedenfalls kommt dann Wotan . . und hat von dem ganzen Göttergedööns die . . . Faxen dicke . . . und geht auch bald wieder!“
Wir nahmen noch einen Schluck.
„Undann??“
„Undann erfindet Sieg . . . fried! ***FRIED!!*** den Kruppstahl ungeht ßum Lindwurm Fafner unbohrt ihm sein Dings . . Notung . . m-i-t-t-e-n-i-n-s-H-e-r-z . . bohrt er. Under Schaffner . . . ääh, der Fafner warnt ihn vor Mime un . . Alberich under Sieg . . ***FRIED*** leckt das Drachenblut uner hört . . die V-ö-g-e-l-e-i-n . . singen hört er . . Uner nimmt den verfluchten Ring . . und das Vögelein singt ihm . . . von Brünn . . . hilde im Feuer . . . .“
„Hey, Alter, jezz schlafnich ein! Weiter!!“
„Un Siegfried hetzt . . . durchs Feuer und . . sieht Brünn-

hilde unweiß üüü-b-e-r-hauptnich, was los is . . weil . . er hat noch nie . . . noch ***NIE*** eine Frau gesehn hat er . . ***NIE!!!*** Aber Brünn . . dinges weiß ***SOOOFORT*** . . . . . dasiss ihr Erretter . . Erwecker . . vom Dauerschlaf . . . under darf sie jezz . . b-e-s-i-t-z-e-n . . vernaschen undas tun die beiden dann auch . . . sich . . . . undann gibt Siegfried der Brünnhilde den Ring . . . . . unmacht sich auf die Socken ßu neuen Abenteuern . . . .“

„Alter, guckstu ***Oper*** oder guckstu ***Porno***???“ Mehmet brachte eine neue Flasche und knallte sie vor uns auf den Stehtisch. Davon wachte mein Freund wieder auf.

„Jezz kommt der lezzte Aaamd, mein Freund, haltich fest!! Ersma kommen die Nonnen . . .“

„Die ***NONNEN***? Spielndadenn auch ***NONNEN*** mit??“

„Nee, wartma . . . nichdie Nonnen . . . die N-o-r-n-e-n. Dasind die weisen Töchter . . . von Erda undie erßählen alles . . . ***ALLES!!!*** . . . nochma von vorne. Dabei bin ich irgendwie . . . eingenickt . . . unich werd wach weil mein Nachbar meinen Arm . . von der Lehne schiebt . . das wär seine Lehne . . . na egal . . . Aaaalso Siegdings kommt an den Hof von Dings . . . Gunther und seiner Frau . . ääh . . Gutrune under Hagen wohnt auch da . . . Dasindie Gibichungen . . . sind das.“

„Weris Hagen?“

„Äääh . . das . . . is . . . der . . . . . Halbbruder von Gunther und der Sohn von . . Laberich . . . Alberich . . . glaubich . . . egal . . gibmir nochnen Schluck . . . ichmach jezz kurz . . okay? Aaalso Hagen will für seinen Vadder Alberich den Ring . . aber den hat ja . . . noch Brünnhilde. Hagen gibt Sieg . . dings einen Trank under hat plötzlich alles vergessen . . auch Brünn . . dings. Unaufeinmal will der Siegfried die Gutrune under Gunther . . . will die Brünnhilde . . . undann will Waltraute – das is eine von den Walküre-Sisters – dass Brünnhilde den Rheintöchtern . . . den Ring gibt . . damit wieder Ruhe is . . . im Karton . . . undas solln die Raben . . . Wotan ins Ohr krächzen . . aber nix da . . ! Siegmund . . nee, Siegfried is auf einmal Gunther un klaut der Brünn . . hilde den Ring und führt sie an den Hof un gibt sie Gunther . . . Un Brünndinges ist sauer auf Siegfried un Hagen soll ihre Ehre retten un Siegfried töten . . . Undann gehen alle auf die Jagd . . . un Siegfried . . . schießt nix! Undeshalb prahlt er mit seinen Taten . . . Jägerlatein, verstehße . . . undann gibt Hagen dem Siegfried wieder einen . . . Trank under kann sich . . . ratzfatz . . . wieder erinnern . . . un erzählt von seiner Liebe ßu Brünn . . . dings . . . Un Gunther is sauer un Gutrune is sauer un Hagen ersticht Siegfried. Siegmund stürzt tot zu Boden . . . Nee, nich Sieg***mund*** . . der is ja schon seit vorgestern tot . . . von Hundings Hand . . ! ***SIEGFRIED*** stürzt tot ßu Boden, aber an der falschen Stelle, weil da kein Schein . . . werfer is. Aaalso musser zum Lichtkegel robben . . . obwohl er schon tot is. Dann is jezz Brünnhilde traurig . . un Gutrune auch un Gunther will den Ring un Hagen auch . . . un Hagen ersticht jezz auch noch . . . seinen Halbbruder Gunther . . . unein Herr hinter mir will Bonbons anbieten . . aber die Dame vor mir . . . rät ihm davon ab . . weil sonst wieder . . . die Dose rappelt . . . undas mögen einige nich . . . Under . . . tote Sieg***FRIED*** hält nochma den Arm hoch mit dem Ringfinger . . . un Brünnhilde nimmt den Ring un reitet mit Grane ins Feuer . . ."

„Werisn Grane?"

„Ihr Gaul . . . Un Wotan hat die Weltesche ßu . . . Kleinholz gemacht un um Walhall verteilt . . . un die Esche brennt un fackelt . . . Walhall ab . . . un der Rhein hat Hochwasser . . . un die Rheintöchter Wellhilde . . Floßlinde . . un Woggunde . . . oder so . . nehmen von Brünnhilde den Ring und . . . den Hagen gleich mit . . . unjezz is Schluss . . un ich hab nix verstann . . nützt ja nix . . ."

Mein Freund war nun endgültig eingeschlafen! Im Stehen!! Wagnerianer können das, denn sie müssen in den zahlreichen Pausen an den vier Abenden an den Stehtischen im Foyer immer mal ein kurzes Nickerchen machen, sonst halten sie das alles nicht aus.

„Weißuwas?" flüsterte ich meinem leise schnarchenden Freund ins Ohr, „ich besorg mir das Li . . das Libett . . . das Brilett . . . den Text . . . vom Ring un lern Richards Stabreim . . . undann erßähl ich dir alles . . ."

Ich wankte nun auch heimwärts. Meine Frau begrüßte mich ob meines Zustandes etwas irritiert:

„Du bist ja total betrunken. Geh unter die kalte Dusche. Ich hab für heute Abend Opernkarten. Die Zauberflöte. Sieh zu, dass du wieder nüchtern wirst!"

Die Zauberflöte! Die Handlung versteht zwar auch kein Mensch, aber sie dauert dafür auch nur drei Stunden – und das an einem ***einzigen*** Abend.
Amadeus sei Dank . . .

(*) *siehe „Restaurantkritiker" im Buch* ***„nee, echt jetzt?!"***

„Das Lesen im Bett zeugt von
völliger Hingabe an die Kunst:
Man überlässt es dem Dichter,
wann man einschläft“

Ernst R. Hauschka

Allergie

Ob Frühling, Sommer oder Herbst –
irgendwas fliegt immer,
auch wenn wir die Pollen
nicht wahrhaben wollen.
Am besten, wir bleiben im Zimmer.

Erst juckt es uns in einem Loch
der Nase, dann in beiden.
Es kribbelt der Zinken,
die Augen ertrinken
in Tränen! Was müssen wir leiden!

Das liegt wohl an der Eberesche
oder an den Birken.
Doch die Weiden tun's auch,
auch der Haselnussstrauch.
Egal, welche Bäume – sie wirken.

Treffen sich zwei Allergiker,
gibt es was zu schnäuzen.
Schlimm wird man gestört,
hab' ich niesen gehört,
wenn zwei Allergien sich kreuzen.

„Ha – **Hatschiii** – hab‘ ich schon erzählt –
du wirst es nicht erraten:
ich reagiere allergisch,
und zwar ganz energisch
auf Äpfel, gekreuzt mit Tomaten.“

So schnieft man kreuz und auch mal quer
und niest nach allen Seiten,
und man rotzt in die Welt,
was das Taschentuch hält,
in diesen allergischen Zeiten.

Kritisch wird’s, wenn man bei Tisch
gerne ein Tüchlein hätte.
Die hektische Suche
nach dem Handtaschentuche –
vergebens! Man greift zur Serviette

und niest hinein mit Sturmgebraus.
Der Nachbarin zur Linken
fällt deshalb vor Schreck
aus der Hand ihr Besteck.
Man möchte im Boden versinken.

Ganz vorsichtig blickt er sich um:
hat er sich schlecht benommen?
Nein, es ging nochmal glatt,
weil er Glück gehabt hat –
da fühlt er's zum zweiten Mal kommen . . .

Man wünscht den Winter sich herbei,
die pollenlose Phase.
Doch das braucht seine Zeit,
Frost und Schnee sind noch weit –
derweil triefen Augen und Nase . . .

*„Aller Humor fängt damit an,
dass man die eigene Person
nicht mehr ernst nimmt“*

Hermann Hesse

Wortspiel

Er stand auf Österreichs Bergeshöh'n
Und er blickt wohl, und er blickt,
Er blickt wohl
Gen Italien

Da hört' er aus der Sennenhütte
Jubeltöne, Jubeltöne,
Ein Geräusch!
Nur ein paar Schritte,

Und er stand am Fensterlein
Voller Neugier, voller Neugier,
Neugierig
Schaut' er hinein,

Erspähte Sennerin und Senn –
Ei ei, was treiben, ei, was treiben
Ei, was treiben
Die da denn?

„Koa Sünd gibt's auf der Alm da droben"??
Und was erblickt er, was erblickt er,
Was erblickt er?

Siehe oben!

„An dem Punkt,
wo der Spaß aufhört,
beginnt der Humor"

Werner Finck

Fitness

„Du musst was für dich tun!"
Wir kamen gerade vom wöchentlichen Einkauf zurück. Bemerkenswerterweise hatten wir unseren Einkaufszettel, auf dem diesmal alles stand, was in den nächsten Tagen gebraucht wurde, nicht vergessen und auch das Personal, was wir beim Einräumen der Waren in die Regale auf der Suche nach Dingen, die es vor einer Woche noch in einem ganz anderen Gang gegeben hatte, danach fragten, in welchem Gang sie denn ***diese*** Woche zu finden seien, erwies sich bemerkenswerterweise als sach- und ortskundig (*).
Nun keuchte ich gerade mit zwei Taschen an beiden Armen und einem Rucksack da, wo er hingehört, die Treppe hoch. Um den Hals trug ich einen Brustbeutel mit einem gefühlten Zentner Kartoffeln – als Gegengewicht zum Rucksack. Bis heute weiß ich nicht genau, wieviel ein Zentner eigentlich wiegt, aber er ist schwer, sehr schwer. Als ich ein Kind war, brachte der Kohlenhändler im Herbst die Eierkohlen, die Briketts und den Koks in Säcken in den Keller. Ich erinnere mich daran, dass entweder junge, große oder alte, kleine Männer die Säcke in den Keller schleppten und folgerte daraus, dass diese schwarzen Männer im Laufe der Jahre durch das Gewicht der Kohlen auf ihrem Rücken allmählich zu Zwergen schrumpften. Diese ziemlich bedrückende

Erkenntnis stand im krassen Widerspruch zu der Ermahnung meiner Mutter, ich solle meinen Teller mit Spinat schön leeressen, damit ich groß und stark würde. Was brächte es, groß und stark zu werden, um ein Leben lang Kohlen zu schleppen und dabei wieder klein zu werden? Aber ich schweife ab. Wo war ich stehengeblieben?

Richtig! Im Treppenhaus.

Außerdem trug ich drei Briefe im Mund, die mir der Postbote unten im Flur dort hingesteckt hatte, die Treppen zum ersten Obergeschoss hoch. Meine Frau hinter mir war ebenso bepackt, allerdings aus Gründen meiner anerzogenen Ritterlichkeit mit wesentlich leichteren Sachen – der Thermotasche mit Joghurt, Butter und Schinken sowie einem Tulpenstrauß links und der Handtasche mit mehreren tausend Dingen, allesamt wichtig, aber im Ernstfall unauffindbar, in der rechten Hand. Da sie zwischen ihren wunderschönen Lippen ***keine*** Briefe trug, hatte sie nachvollziehbar gut reden. Also sprach sie in mein Keuchen noch einmal:

„Du musst was für dich tun, Liebling!"

Diesmal hatte sie ‚Liebling' gesagt, was mir das Gefühl vermittelte, a) geliebt zu werden und b) ihr aus irgendeinem Grund Sorgen zu bereiten.

„Bie meinpf bu bas?" fragte ich sie, durch die Briefe in meinem Mund ein wenig behindert. Sie verstand mich trotzdem. Nach fast fünfzig Ehejahren versteht man sich sogar ***ohne*** Worte. Da sollten drei Briefe zwischen

den Lippen keine Verständigungsprobleme bereiten.
„Ich meine, wenn wir schon älter werden, will ich wenigstens einen junggebliebenen Mann haben“, antwortete meine Frau.
„Bichbich!“ bestätigte ich ihr. Welche junggebliebene Frau will schon mit ihrem Schwiegervater verheiratet sein?

Ich wechsele nun vom Präteritum ins Perfekt, um den chronologischen Ablauf zu verdeutlichen und berichte, dass ich augenblicklich beschlossen habe, was für mich zu tun. Ich habe meine gesamte Garderobe durchforstet und dabei festgestellt, dass ich mich in der jüngeren Vergangenheit nicht allzu sehr von einem Falben unterschied. Also habe ich mich von allen pferdefarbenen Kleidungsstücken getrennt und sie gebündelt der benachbarten Obdachlosenhilfe zur Verfügung gestellt. Generation „Beige“ war gestern!!
Diesen Schritt hat meine geliebte Frau zwar freudig begrüßt, nach dem nächsten Einkauf, den ich eine Woche später keuchend die Treppen hinaufschleppte, hat sie mich aber vorsichtig darauf hingewiesen, dass sie wohl eher meine körperliche Verfassung im Auge habe.
„Geh doch mal ins Fitnessstudio. Das wird dir bestimmt gut tun. Meine Freundin hat da neuerdings eine Stelle, bei der man beim Training sogar Englisch lernen kann.“
‚Mens sana in corpore sano‘ – kenne ich. Aber alles auf einmal, das schien mir dann doch etwas zu heftig. . . . !

Eine Woche später bin ich dann zum nächstgelegenen Fitnessstudio gegangen, habe mich angemeldet und sogleich einen Trainingsplan erhalten. Meiner körperlichen Verjüngung stand somit nichts mehr im Wege.

Ab jetzt erzähle ich im Präsens weiter, damit der geneigte Leser sozusagen immer hautnah dabei ist, und berichte, dass ich mich zur ersten Übung auf dem Ergometer wiederfinde. Ich trete und keuche und trete und stelle mir vor, ich wäre unterwegs zum Oderbruch. Da ich mich aber nicht von der Stelle bewege, wird neben meiner schwachen Kondition auch meine Fantasie auf Dauer stark strapaziert. Es naht der Trainer, schaut auf mein Display und fragt: „Watt?? So wenig Watt? Det bringt nix!“ und tippt wie wild auf irgendeinen Knopf. Das hat zur Folge, dass ich mich auf dem Weg zum flachen Oderbruch plötzlich auf einer Hochgebirgsstraße befinde – und zwar aufwärts. Mir fällt ein, dass ich im wirklichen Leben niemals auf die Idee käme, mit dem Rad ins Oderbruch und schon gar nicht ins Hochgebirge zu fahren. Ich strampele trotzdem weiter. Nach fünf Minuten hat das zur Folge, dass ich halbtot vom Rad falle, vom Notarzt stabilisiert werde und mit Blaulicht und Signalhorn zum Krankenhaus fahre, wo mich meine Frau besorgt fragt, was ich denn da für Sachen mache. Nach einer Woche Rekonvaleszenz sitzliege ich im Studio an einem Gerät, bei dem ich im Passgang mit den Beinen und den Armen schwere Gewichte von mir weg-

stoße. Ich bearbeite das Gerät seit fünf Minuten – oder besser: das Gerät bearbeitet mich – und bin schon nassgeschwitzt, da erscheint der Trainer.
„Watt mach'n Sie'n da?"
„Wonach .. (keuch) .. sieht's denn .. (keuch) .. aus?"
„Det sa' ick lieba nich, damit könnt'nse mir belangen. Wejen Beleidigung."
„Nun sagen Sie ... (keuch) ... schon, ... (keuch) .. es passiert Ihnen ... (keuch) ... schon nichts."
„Nüscht für unjut, abba det sieht aus wie'n Maikäfer, der uffn Rücken jefalln ist un nu mitti Beene strampelt."
Er erklärt mir, dass ich statt des Passgangs den Kreuzgang präferieren soll, legt noch ein paar Kilogramm auf und lässt mich weiter strampeln. Mir ist absolut schleierhaft, wie die Freundin meiner Frau bei solchen, den menschlichen Bewegungsabläufen zuwider handelnden Übungen auch noch englische Vokabeln lernen kann. Als ich feststelle, dass meine Extremitäten Passgang und Kreuzgang zu kombinieren beginnen, was der Koordination der oberen und unteren Gliedmaßen sehr abträglich ist, suchen meine Augen nach dem Trainer und finden ihn am anderen Ende der Halle. Dort sitzt eine wohlproportionierte und durchtrainierte Mittzwanzigerin in enganliegendem Sportdress an einer Maschine. Sie sitzt dort in vorbildlicher Haltung: die Beine leicht gespreizt, die Arme angewinkelt erhoben, das Kreuz in gerader Linie im Winkel von 90 Grad zu den Oberschenkeln. Ihre Hände umfassen zwei Holme, die sie in

rhythmischen Bewegungen mit den angewinkelten Armen nach außen und nach innen schwenkt und damit mehrere Zentner auf und ab bewegt. Das alles sieht dermaßen perfekt aus, dass es aus einem Werbevideo des Fitnesscenters stammen könnte. Warum dann der Trainer trotzdem hinter der jungen Dame steht und mit seligverklärtem Blick und beiden Händen ihren Brustkorb umfasst, ganz knapp unter ihrem prachtvollen Busen, weiß ich nicht. Vielleicht muss er ihre Atmung kontrollieren. Sein Gesichtsausdruck lässt mich an meiner lange zurückliegenden Berufswahl zweifeln. Vielleicht hätte ich auch Fitnesstrainer werden sollen. Man hat es auf diesem Gebiet ja wohl nicht nur mit auf dem Rücken liegenden dicken Maikäfern zu tun, die verzweifelt mit den Beinen strampeln . . .

Nun, seine Hände scheinen die Sportlerin nicht zu stören. ***Mich*** stört allerdings, dass er mein Rufen nicht zu hören scheint. Also entschließe ich mich, nach ihm zu winken, lasse dafür mit der rechten Hand das Gewicht los, worauf das Gerät total aus dem Takt kommt und mir die entfesselten Kiloscheiben die Luft nehmen. Das hat zur Folge, dass ich halbtot aus dem Gestänge falle, vom Notarzt stabilisiert werde und mit Blaulicht und Signalhorn zum Krankenhaus fahre, wo mich meine Frau besorgt fragt, was ich denn da ***schon wieder*** für Sachen mache.

Nach meiner Rekonvaleszenz, die diesmal zwei Wochen dauert, sitze ich in dem Gerät, was mir im Zusammenhang mit der wohlproportionierten Mittzwanzigerin bereits bekannt ist, und bewege rhythmisch meine angewinkelten Arme nach außen und innen, um die Zentnerlast der Maschine auf und ab zu bewegen. Ich schaue mich um. An allen Gerätschaften wird wild gearbeitet. Das Szenarium erinnert mich irgendwie an den Stummfilm von Fritz Lang. Auch in Metropolis ackern Sklavenarbeiter stumm und wie blöde. Die einzige Abwechslung wäre jetzt, wenn der Trainer mit seligverklärtem Gesicht seine Hände um meinen Brustkorb legen würde, um meine Atmung zu kontrollieren – aber Pustekuchen.

„HAAAAAAAAAAAAA!!!“

Ich schieße kometengleich von meinem Sitz und reiße beide Arme hoch. Zwei Hände haben sich von hinten um meinen Brustkorb gelegt. Wem gehören die? Sollte der Trainer tatsächlich auch bei mir die Atmung . . . . ? Nein, es ist seine schwergewichtige Kollegin, die meine Haltung verbessern will – nicht ahnend, dass ich seit frühester Kindheit wahnsinnig kitzelig bin. Ich lasse vor Schreck die Holme der Gewichte fahren. Die Zentnerlast saust schwerkraftbedingt nach unten, die Griffe klappen schlagartig nach innen und treffen mit voller Wucht links und rechts auf meine Ohrmuscheln. Das hat zur Folge, dass ich halbtot vom Gerät falle, vom Notarzt stabilisiert werde und mit Blaulicht und Signalhorn zum Krankenhaus fahre, wo mich meine Frau besorgt fragt, was ***um Himmelswillen*** ich bloß für Sachen

mache. Mir liegt die Antwort auf der Zunge, aber der Notarzt lenkt mich ab mit dem Vorschlag, er beabsichtige, im Fitnessstudio eine Ambulanz einzurichten und sie immer dann zu besetzen, wenn ich trainiere. Ich finde diese Idee ein wenig übertrieben und ziehe es vor, nichts darauf zu erwidern.
Nach einer Rekonvaleszenz von insgesamt drei Wochen stehe ich auf dem Laufband, weil der Trainer bei mir eine gewisse Animosität gegenüber seinen Geräten festgestellt haben will. Nun, ich habe nichts dagegen, meine Kondition durch ein lockeres Jogging-Programm zu erhöhen und trabe los. Nach zehn Minuten erscheint der Trainer und unterzieht mich einer kritischen Betrachtung.
„Nee, so wird det nüscht! Sie loofen ja im Passjang. Sie sollten im Kreuzjang loofen, dann sindse schneller!" Er grinst irgendwie unverschämt und tippt dann wie wild auf irgendeinen Knopf. Das Band wird schneller und schneller und ich erhöhe sukzessive mein Tempo. Ich stelle mir vor, ich renne und renne zum Oderbruch und wähne mich bald am Ziel, als es plötzlich in der Halle stockfinster wird, weil der Strom ausgefallen ist. Diese Misslichkeit wäre ohne Folgen geblieben, denn ich fände den Weg ins Oderbruch auch in der Nacht, aber leider läuft mein Band auch mit Strom, und deshalb läuft es nun nicht mehr. Ich hingegen laufe sehr schnell – zunächst gegen den Antriebs- und Steuerblock, den ich wie auch immer mit einer Rolle vorwärts überwinde

und dann mit geschätzten 50 km/h plusminus gegen die Hallenwand. Bevor mir die Sinne schwinden, denke ich, es wäre jetzt sehr nett, wenn ein Trainer oder eine Trainerin käme, seine oder ihre Hände um meinen Brustkorb legte und meine Atmung kontrollierte. Aber immer, wenn man sie braucht, sind sie nicht da. Dann sacke ich halbtot zu Boden, werde vom Notarzt stabilisiert und mit Blaulicht und Signalhorn zum Krankenhaus gefahren, wo mich meine Frau verzweifelt fragt, was ich denn ***verdammt noch mal*** immer für Sachen mache.
Und genau in diesem Augenblick fällt mir ein, was ich ihr immer schon darauf antworten wollte:
„Iff . . muff . . waff . . für . . miff . . fum . .“
Die unklare Aussprache liegt nicht daran, dass ich etwa Briefe im Mund hätte – nein, es sind die Kopfbandagen, die meine Artikulation etwas behindern. Aber das macht nichts – meine Frau versteht mich auch so.
„Du brauchst nichts mehr für dich zu tun“, beruhigt sie mich, „du hast genug getan. Das reicht jetzt.“

Unsere Freundin – kleiner Schwenk zurück ins Perfekt – hat in ihrem Fitnesscenter zwischenzeitlich ihren Master in Englisch gemacht, während sie von ihrem libanesischen Physiotherapeuten bearbeitet worden ist. Die Trainingsgeräte hat sie links liegenlassen – zu gefährlich. Stattdessen hat sie sich ein Teil in die Wohnung gestellt, das sich Jogger-Walking-Swing-Machine nennt. Mit dem wandert sie in Gedanken nun durch England, Schottland und Wales und singt dabei die britische Nationalhymne – dem Brexit zum Trotze.

Ich hingegen – Futur I, denn Ordnung muss sein – werde nach meiner vierwöchigen Rekonvaleszenz mit meiner Frau im nahegelegenen Park spazieren gehen und die Jogger – meistens ältere Herren, die was für sich tun müssen – beobachten. Wenn hin und wieder mal einer halbtot zusammenbricht, werden wir den Notarzt rufen. Außerdem werde ich Englisch lernen. Dann kann ich beim Hinauftragen der Wocheneinkäufe zweisprachig keuchen . . .

(*) *siehe „Zettelwirtschaft" im Buch* ***„nee, echt jetzt?!"***

Smalltalk

„Ich weiß es noch genau – es war ein Dienstag. Am Dienstag fing es an zu regnen."
„Ach."
„Ich weiß das deshalb so genau, weil ich am Donnerstag zu meinem Sohn gesagt habe: Seit Dienstag regnet es, und er fragte mich noch: Nicht erst seit Mittwoch? Nein, habe ich gesagt, ich weiß es ganz genau. Es regnet seit Dienstag."
„Was Sie nicht –"
„Doch, doch! Meine Tochter wohnt in Hennigsdorf und rief mich gestern an: Ob es bei uns auch regnet. Seit Dienstag, sag' ich, es regnet bei uns seit Dienstag. Wie, sagt sie, seit fast ***einer*** Woche regnet's bei euch? Seit ***zwei*** Wochen, sag ich. Es regnet jetzt Dienstag schon ***zwei*** Wochen."
„Wo liegt denn Hennings –"
„Nein, nicht ***Henningsdorf*** ! ***Hennigsdorf*** ! Mit zwei ‚n', nicht mit drei. Bei uns, erzählt mir meine Tochter, regnet es seit Donnerstag."
„Ach was!"
„Es regnet in Hennigsdorf seit dem Tag, als mein Sohn fragte, ob es bei uns nicht erst seit Mittwoch regnet. Nein, sag ich zu ihm, seit Dienstag!"
„Wohnt Ihr Sohn auch hier in –"
„Mein Sohn wohnt in Norden. Da regnet es eigentlich

viel häufiger als bei uns, aber jetzt seit Montag nicht. Seit Montag vor einer Woche regnet es da nicht, sagt er. Also es hat jetzt in Norden seit . . . sechs Tagen nicht mehr geregnet. Als es bei uns schon fünf Tage geregnet hat, hat es in Norden aufgehört zu regnen."
„Dann haben die in Norden ja jetzt schönes –"
„Nein, seit Dienstag schneit es in Norden! Mein Sohn sagt, meine Tochter kann froh sein, dass sie in Hennigsdorf wohnt und nicht in Norden. In Hennigsdorf schneit es wenigstens nicht. Da regnet es nur seit Donnerstag. Ich habe aber manchmal den Eindruck, in Hennigsdorf regnet es ***immer***. Aber meine Frau sagt, du spinnst. Das ist ein Zufall. Aber ich sag Ihnen was: Immer, wenn wir nach Hennigsdorf fahren und in Spandau abbiegen, seh' ich über der Havel dicke, dunkle Regenwolken. Und kaum bin ich am Ortseingangsschild Hennigsdorf vorbei, fängt's an zu regnen. Das ist doch irgendwie merkwürdig, oder?"
„Wo liegt denn Nor –"
„In Ostfriesland, direkt an der Nordseeküste. Da schneit es eigentlich so gut wie nie, kann man sagen, wegen des Golfstroms. Aber jetzt schneit's da seit Dienstag. Liegt wohl am Klimawandel."
„Was Sie nicht sa –"
„Nun sagen Sie bloß nicht, Sie glauben nicht an den Klimawandel! Kürzlich sagte ein Freund zu mir, du glaubst doch wohl nicht wirklich an den ganzen Zirkus. Früher hat es doch auch geschneit. Und ***ob*** ich da dran

glaube, sag ich, was soll das denn sonst sein, wenn's bei meinem Sohn seit Dienstag schneit, wo es bei uns seit Dienstag regnet – also seit Dienstag vor einer Woche vor dem Dienstag, seit dem es in Norden schneit!"
„Jaja, wenn Sie das so sehen, kann ja –"
„Und wissen Sie, was mir unser Winzer in Bad Dürkheim gestern am Telefon erzählt? Egon – so heißt unser Winzer – und Jochen – so heißt sein Sohn – kamen gerade aus dem Wingert – so heißen da die Weinberge. Fünfzig Prozent der Reben sind zerschlagen! Fünfzig Prozent!! Der Wein wird teuer nächstes Jahr!!"
„Wieso das denn? Was ist denn pa –"
„Was passiert ist? Das kann ich Ihnen sagen! Seit Sonntag hagelt es in der Pfalz, das ist passiert! Da können wir froh sein, dass es bei uns seit Dienstag nur regnet!! Und in Hennigsdorf seit Donnerstag. Sei froh, sag ich zu meiner Tochter – obwohl: in Hennigsdorf wächst ja kein Wein, da könnt's ruhig mal hageln. Oder schneien. Meine Schwägerin mailte uns kürzlich, in Grünow hat es seit Wochen! seit Wochen nicht mehr geregnet. Den Bauern vertrocknet die ganze Saat."
„Grünow in der Ucker –"
„Nein nein, Grünow in Mecklenburg-Vorpommern. Da gibt's auch ein Grünow, zwischen Neustrelitz und Feldberg. Sie glauben gar nicht, wieviel Orte es manchmal mit demselben Namen gibt. Ich wollte vor ein paar Wochen mal eine Freundin in Bietigheim-Bissingen besuchen, aber die Bahnauskunft hat das wohl falsch ver-

standen (*). Ich sollte nach Neustadt fahren. Was glauben Sie wohl, wieviel Neustadt es gibt?! Ich bin dann aber zu Hause geblieben. In Bietigheim hatte es seit drei Wochen geregnet – eine Woche länger als jetzt bei uns. Bei uns regnet es jetzt seit Dienstag. Das müssen Sie sich bloß mal vorstellen. Die halbe Weinlese kaputt! Der Wein wird teuer, sag ich Ihnen . . . oh, ich sehe gerade, Ihr Glas ist leer und ich habe auch nichts mehr zu trinken. Warten Sie, ich besorge uns vorne an der Bar Nachschub . . .“

„Sag mal, was hast Du denn da für einen Typ eingeladen? Der labert mich die ganze Zeit mit Wetterberichten voll“, nahm ich meinen Freund beiseite.
„Wen meinst Du denn?“
„Na, den da vorne an der Bar!“
„Den mit dem karierten Jackett?“
„Nein, den mit dem fast kahlen Kopf – den Grauhaarigen, der sich da jetzt gerade vordrängelt.“
Ich deutete mit einer Kopfbewegung zur Bar und versuchte unauffällig, meinem Freund den Richtigen zu beschreiben.
„Ach der – der ist eigentlich ganz harmlos. Ich weiß gar nicht, wie der heißt. Irgend so ein Künstler, glaube ich. Den bringt immer ein Architekt mit, ein Gutachter. Was hat er dir denn erzählt?“
„Ach, vom Regen in Hennigsdorf mit zwei „n“ und vom Schnee in Ostfriesland und Hagel in der Pfalz und Son-

ne in Meck-Pomm – ach ja, und vom Regen . . . hier in Berlin“, setzte ich meinen Freund ins Bild.
„Du lieber Himmel, das war ja ein sehr interessantes Gespräch“, feixte mein Freund, „was hat er denn vom Regen hier in Berlin berichtet?“
„Na, dass es hier seit Dienstag regnet – seit Dienstag vor zwei Wochen!“
Aus der neben uns stehenden Gruppe wandte sich ein junger Mann zu uns um.
„Ich muss euch korrigieren. Es regnet seit ***Sonntag***!“ –
„Quatsch! Seit ***Montag***!“ –
„Neinnein, seit ***Mittwoch***!“ –
„Lasst euch nicht verwirren, es regnet seit ***Freitag*** letzter Woche!“ schaltete sich seine hübsche Freundin ein. Ich bemerkte aus den Augenwinkeln, dass sich mein Wetterfrosch mit zwei Gläsern Wein näherte und sah eine heftige Eskalation heraufziehen, Gewitterwolken gleich. Leise schlich ich mich aus dem Kreis, aus dem Zimmer, aus der Wohnung ins Treppenhaus und betrat den nächtlichen Kaiserdamm. Mich empfing eine laue Sommernacht. Die Luft war mild, die Laternen spiegelten sich in den Pfützen. Es hatte aufgehört zu regnen.
Diesen Abend musste ich mir merken, dann hatte ich bei der nächsten Party ein Gesprächsthema:

„Seit ***Samstag*** regnet es nicht mehr!“

(*) *siehe „Die Auskunft“ im Buch* ***„nee, echt jetzt?!“***

*„Die feinste Satire ist die,
deren Spott mit so wenig Bosheit
und mit so viel Überzeugung
verbunden ist, dass sie selbst
diejenigen zum Lächeln nötigt,
die sie trifft"*

Georg Christoph Lichtenberg

Die Metapher vom bösen Wolf

Zu Zeiten der Gebrüder Grimm,
da gab's noch festgelegte Rollen.
Heutzutage wär' das schlimm,
und die Frauen würden grollen

und zu Recht darauf bestehen,
dass sie ihren Beitrag leisten
und täglich ihrem Job nachgehen –
jedenfalls tun das die meisten.

Damals aber, ungelogen,
hat die Frau das Haus verwaltet,
Bett gemacht und Kind erzogen.
Dass das Feuer nicht erkaltet,

war eine ihrer hehrsten Pflichten!
Denn ohne Glut im Stangenherd
gerät kein Braten – nein, mitnichten,
auch kalte Suppe ist nichts wert.

An dieser Stelle komm' ich nun
zum Kern der Böse-Wolf-Geschichte:
Die Mutter hat genug zu tun
und ruft herbei eins ihrer Wichte –

sie hat davon ein fünftel Schock.
Potz Blitz! Laut Wikipedia
hängen zwölf an ihrem Rock!
Ein Dutzend zählt die Kinderschar!!

Das älteste mit roter Kapp‘
soll die Großmutter besuchen.
Mit einem Korb zieht Rotkapp‘ ab,
darin befindet sich ein Kuchen.

Die Oma tief im dunklen Wald
gehört zur Altersstarrsinns-Sorte.
„Hoffentlich bekomm ich bald
auch Kaffee zu der Apfeltorte!!“

Rotkapp‘ rennt zum Haus zurück,
schnappt sich eine Thermosflasche
und versucht erneut ihr Glück
mit Cappuccino in der Tasche.

Der nächste Wunsch im finst’ren Tann,
er lässt nicht lange auf sich warten.
Oma funkelt Rotkapp‘ an:
„Und wo bleibt mein Schweinebraten?!“

Rotkapp‘ macht stante pede kehrt,
Mutter verdreht genervt die Augen.
Die Großmama im Forst belehrt
das Kind: „Was soll der Braten taugen

ohne ‘ne gute Flasche Wein?!
Lauf und bring mir einen Roten!!“
Rotkapp‘ – wie soll’s anders sein –
macht zum vierten Mal den Boten.

„Rotkapp‘, bist du noch bei Trost?“
Der Korkenzieher ward vergessen.
Rotkapp‘ rennt, Oma sagt „Prost“,
ist nun auf Nachtisch ganz versessen.

„Oma verlangt jetzt Crème brulée,
und einen Grappa hinterher.
Mich schmerzt das Knie, mein Fuß tut weh,
Mama, ich kann jetzt bald nicht mehr.

Bevor zum sechsten Mal ich hetze,
lass bitte mich nur kurz verschnaufen.
Gestatte, dass ich mich mal setze –
hab‘ mir ‘nen bösen Wolf gelaufen . . .“

„Zu einer ironischen Bemerkung
gehören immer zwei:
einer, der sie macht
und einer, der sie versteht“

Otto Weiß

Ober, bitte Zahlen

Der Mensch braucht Abwechslung. Ohne Abwechslung ist das Leben fad. Obwohl: Es gibt Einschränkungen. Wir wollen hier nicht der Promiskuität das Wort reden und Vorschub leisten. Hier soll vielmehr von der Gastronomie die Rede sein, denn Essen und Trinken hält Leib und Seele zusammen.
Nachdem mein Freund und ich in der letzten Zeit mehrere Male beim Thailänder zu Gast waren und uns bei diesen Gelegenheiten sowohl die Finger an glühend heißen Basaltstein-Tischpfannen als auch Gaumen und Schlund an diversen Soßen verbrannt hatten, wovon wir uns erst einmal wieder erholen mussten, verabschiedeten wir uns fürs Erste von unseren Asiaten – „Wiedlsehn und ßönen Tack no“ – und beschlossen, mal wieder unseren Starkoch Mehmet zu besuchen.
„Mehmet, wir hätten gerne zweimal Döner und zwei Cola, wenn's Recht wäre.“
„Gibtsnich, Alter!“
„Wie, gibt's nicht?! Seit wann gibt es denn bei dir keine Döner mehr?“
„Gibt garnix mehr, nur noch mit Zahl!“
„Was soll ***das*** denn heißen, Mehmet?“
„Is modern, Alter, ischwör! Alles mit Zahlen. Meine Tochter macht in Kita jezz malen mit Zahlen. Die macht Bilder, Alter – suuuuuper!! Hastu sowas noch nie gese-

hen. Echt!!! Du glaubsnich!! Die malt wie Beethoven!"
„Jetzt red' keinen Scheiß, Mehmet. Beethoven hat nicht gemalt, der hat komponiert."
„Aaah, Opern? Wie der Rischard, das Ferkel? Na gut, malt sie eben wie Rembrandt. Nachtschicht. Tolles Bild, alles schwarz!"
„Das Bild heißt ‚Die Nachtwache', Mehmet."
„Egal, Alter, jedenfalls nachts."
„Malt deine Tochter denn mit Öl?"
„Bistu meschugge, Alter?? Mit Öl? Ischmach Salat mit Öl!! Meine Tochter malt mit Farbe, wallah!!"
„Und warum machst du jetzt auch diesen Schwachsinn mit den Nummern auf der Speisekarte mit? Du bist mit unseren Thais einer der ganz Wenigen, die sich diesem Quatsch verweigert haben."
„Is Zeitgeist, Mann, sagen alle. Pass auf, ischerklär!"
Und Mehmet machte mit uns einen Crashkurs in Sachen ‚Speisekarte' und erklärte uns sein ausgeklügeltes System: Von 1 bis 9 Beilagen und Extras, von 10 bis 19 Hauptgerichte und von 20 bis 29 Getränke.
„Unter welcher Nummer läuft denn dein Finger im Salat, wenn du dir den wieder abgesäbelt hast?" wollte mein Freund wissen. Mehmet winkte grinsend ab und zeigte dann mit demselben auf seinen Bruder.
„Bestell bei Mesut. Ischab Termin bei der Kita. Mesut macht Vertretung. Ischol Tochter ab und guck, was sie gemalt hat. Wenn sie malt wie Puccini, hörisch auf mit Döner und mach Galerie."

„Du meinst wohl Picasso?!"
„Egal, alles Italiener!" Und weg war er.
„Das nennt man Innovation im Gastronomiegewerbe", sagte ich zu meinem Freund. Der winkte ab.
„Mir wären lukullische Innovationen lieber. Er könnte doch mal einen Döner mit Blutwurst oder mit Erdbeermarmelade kreieren – mal irgendetwas Neues. Mein Schwager, stell dir das mal vor, würzt zum Beispiel seine Leberwurststulle immer mit Tabasco – einfach mal was wagen!"
„Schmeckt deinem Schwager das denn – Leberwurst mit Tabasco?"
„Ich glaube, der schmeckt ***nur*** noch Tabasco, ist also auch schon egal."
Wir studierten die neue Speisekarte und hatten uns alsbald entschieden. Mein Freund blieb beim Döner, aber mit extra scharfer Soße, ich wählte Köfte mit Pommes frites und extra Ketchup. Naja, und wie immer für jeden eine Cola dazu.
„Mesut, es kann losgehen: Für mich einmal die 10 plus 3 und die 25!" bestellte mein Freund.
„Und für mich bitte einmal die 15 plus 7 und auch die 25!" ergänzte ich unseren Auftrag.
„Ischmach fertig. Dauert aber!" bestätigte Mesut und ließ uns Zeit für ein kleines Schwätzchen. Mein Freund wollte wissen, wie mir die Zauberflöte gefallen hat und ich berichtete ihm in groben Zügen, was ich davon mitbekommen hatte. Viel war das allerdings nicht, da ich

nach dem Genuss einer knappen Flasche Raki zur Aufnahme eines abstrusen Librettos nicht mehr in der Lage gewesen war. Auch meine Frau hatte nicht den Operngenuss, den sie sich von dem Abend versprochen hatte, weil sie fortwährend damit beschäftigt war, mich daran zu hindern, einzuschlafen beziehungsweise zu schnarchen, wenn ich trotz ihrer Bemühungen wegdämmerte.
„Hier hastu!“ unterbrach mich Mesut und servierte meinem Freund einen Teller mit drei gelbweißen Scheiben, die offensichtlich auf dem Grill gelegen hatten – und eine Cola. Mir brachte er eine Cola und ein Glas Hefeweizen – naturtrüb. Mein Freund starrte auf seinen Teller, in Mesuts Gesicht und wieder auf seinen Teller.
„Soll das ein Döner sein?“ fragte er fassungslos.
„Und was soll ich mit einem Hefeweizen?“ schob ich nach, „ich mag kein naturtrübes Bier. Wo sind meine Köfte mit den Pommes?“
„Ihr habt bestellt, Mann.“ Mesut hob beide Arme und zuckte mit den Schultern, „ischab gemacht, was ihr bestellt habt, ischwör!“
„Ich hab 10 plus 3 bestellt“, brüllte mein Freund los, **„und er“** – er zeigte auf mich – **„15 plus 7, verdammt noch mal! Und was hab ich jetzt gekriegt???“**
„Halloumi, Alter.“
„Ich mag aber keinen gegrillten Schafskäse!“
„Is ***Ziege***, Alter!! Hastu bestellt 10 plus 3? 10 plus 3 is 13, Adam Riese! Und 13 is Halloumi! Und ***du***“, wandte er sich an mich, „hastu bestellt 15 plus 7?? 15 plus 7 is

22, sagt Adam!! Und 22 is Hefeweizen, wallah!!! Also regdisch ab, Alter, un macht hier kein Stress. Willstu Köfte, dann sag 15, un willstu mehr Ketchup, sag 15 ***und*** 7! 15 ***plus*** 7 is Mattemattick, klar? Weißisch schon von Kita! Un jezz guten Appetit, sonst erzählisch alles Mehmet!!"
Wir zahlten und gingen – mit leerem Gefühl im Magen und einem Riss im Herzen. Welch' eine Welt . . .

Eine Woche später saßen wir wieder bei unserem Thai. „Anong, wir haben Hunger", begrüßten wir unsere liebenswerte und – Nomen est Omen – schöne Gastwirtin. „Daaf ßön ßaaf?" fragte sie uns und verneigte sich lächelnd mit zusammengelegten Händen vor ihrer Brust. „Wenn ßön ßaaf, dann nehmen Nummel dleizehn, wenn nich ßaaf, nehmen Nummel vielunzwanzig."
Wir nahmen ‚Ente süßsauer' – Nummel vielzehn – und jeder ein Bier – Nummel hundertdlei. Unseren Kummer über die Zahlen auf den Karten ertränkten wir aus Protest in Sake – und zwar so gründlich, dass wir am Ende sogar unsere Hausnummern vergessen hatten.
Aber was half das? Der Fortschritt war eben nicht aufzuhalten – und wer wüsste das besser als die Asiaten…

„Humor ist die Einheit
von Witz und Liebe“

William Makepeace Thackeray

Blaues Blut und Hülsenfrucht

Lange Zeit vor uns'rer Zeit –
die Welt war voll von Königen,
von Prinzen, Zwergen, Riesen, Drachen,
die Gutes tun und Böses machen –
da war die Schönste weit und breit,
ohne es zu beschönigen,

eine Prinzessin, engelsgleich!
Zur selben Zeit, gleich in der Nähe,
lebte ein Prinz auf Freiersfüßen,
der würde es gar sehr begrüßen,
sie heimzuführen in sein Reich.
Es wär' sein Glück, wenn dies geschähe.

Doch – mit Verlaub – zu dem Gedicht
muss man noch ***die*** Erwähnung wagen:
Der König sorgte sich zu Recht –
denn ging's ums weibliche Geschlecht,
war der Prinz der Klügste ***nicht***
(um es mal vorsichtig zu sagen).

„Weißt ***du*** denn, ob das junge Weib
auch wirklich ist von blauem Blut?
Lade sie doch zur Prüfung ein!
Nur dann kannst du dir sicher sein.
Ihr Antlitz und ihr schöner Leib
machen dich blind! Sei auf der Hut!"

Der Prinz, er tat, wie ihm befohlen
und lud das Mädchen zu sich ein.
Unter dutzend weichen Decken
tat eine Erbse er verstecken.
Flugs ging er das Weib dann holen
und schickte sie zu Bett – ***allein***!

Der Adel gilt ja allgemein
als empfindsam und etepetete,
und wenn nun diese hübsche Maid
wehklagt, sich beschwert und schreit,
dann ***muss*** sie ja wohl adlig sein!
Ja, ***dann*** gibt's eine Hochzeitsfete.

Drum lauscht der Prinz vor ihrer Kammer,
ob unruhig sich das Mädchen windet,
ob die Erbse sie wohl stört –
oder er sie schnarchen hört.
Froh vernimmt er ihr Gejammer –
und als sie dann die Erbse findet,

hört er wutentbrannt sie rasen:
„Sag mal, bist du noch ganz dicht?
Mich auf ‘ne Erbse flachzulegen?!
Ich soll dich heiraten? Von wegen!!“
Die Hochzeit wurde abgeblasen,
solch‘ einen Deppen wollt‘ sie nicht!

Ich schließ‘ die Augen, träum‘ mich fort,
hin zur Prinzessin in die Kissen . . .
Nach Eden würden wir uns führen.
Sie würde ***keine Erbse*** spüren,
wir spürten ***uns***, mal hier, mal dort . . .
So hätt‘ der Prinz es machen müssen.

Man lässt doch probeweise keine
Prinzessin auf Gemüse schlafen,
und vor allem nicht ***allein***!!
Man muss schon ziemlich blöde sein,
mein lieber Prinz! Nun denn, für deine
Dummheit ***musst‘*** sie dich bestrafen.

„Aus einem traurigen Arsch
fährt nie ein fröhlicher Furz“

Martin Luther

Heimwerker

„Ich habe einfach keinen Platz mehr für unsere Wintersachen“, sprach meine Frau an einem warmen, sonnigen Tag im Mai. Ähnliches hatte ich von ihr bereits an einem kühlen, nebligen Oktobertag des letzten Jahres gehört, und – wenn ich ehrlich sein soll – schon einmal im Frühling davor und wiederum davor im Herbst. Ich hatte mich dabei immer für nicht zuständig gehalten und das durch eine beharrliche Nicht-Reaktion dokumentiert, wobei ich sorgfältig darauf achtete, diese als akustisch nicht wahrgenommen überzubringen. Ein solches Überhören war aber wohl diesmal nicht mehr möglich, denn sie hakte, als von mir keine Antwort kam, noch einmal nach.
„Hast du gehört, mein Schatz? Ich ha-bee kei-nen Platz mehr für un-se-ree Win-ter-sa-chen.“
„Soll das heißen, wir brauchen vielleicht einen zusätzlichen Schrank? Wo sollen wir den denn hinstellen?“
Diese Frage war rein hypothetisch, denn es gab nur eine Antwort – ins Schlafzimmer. Erstens stehen Schränke für Garderobe, egal ob sie benötigt wird oder nicht, in der Regel *immer* im Schlafzimmer, und zweitens gibt es bei uns seit ewigen Zeiten ein geflügeltes Wort, was seinen Ursprung im Haushalt meiner Schwiegereltern hat. Dieser Haushalt – gleich nach dem Krieg – bestand aus einer fünfköpfigen Familie und einer zweiräumigen

Altbauwohnung, Toilette für drei Parteien im Treppenhaus auf halber Höhe. Wenn in diesem Haushalt irgendein gegenständlicher Neuzugang untergebracht werden musste und irgendjemand fragte, wo, kam prompt die Antwort: ‚Leg es im Schlafzimmer auf den Schrank'. An dieser Logistik änderte sich auch nichts, als die Familie in den fünfziger Jahren in eine etwas größere Wohnung umgezogen war. ‚Im Schlafzimmer auf den Schrank' blieb die einzig angesagte Staumöglichkeit für Nützliches und Unnützes.

Nun, ganz so dramatisch haben wir es heute nicht mehr, und was sollte auch ein Schrank auf dem Schlafzimmerschrank – aber das er ins Schlafzimmer musste, war unumgänglich.

„Ich habe verstanden!" antwortete ich meiner Frau. Ich liebe diesen Satz. Er ist eine leichte Abwandlung des Zitates von Altkanzler Gerhard Schröder, der im Juni 1999 nach der für die SPD verlorenen gegangenen Europawahl sagte: ‚Wir haben verstanden!'

Dieser Satz klingt staatsmännisch, verantwortungsbewusst, selbstkritisch und irgendwie energiegeladen und steht mir, so finde ich, gut zu Gesicht.

Meine Frau freute sich natürlich und schlug gleich vor, intensiv nach Schrankbausätzen zu suchen, die sich optisch mit unserem Schlafzimmerschrank vertrügen. So kamen wir sehr bald auf die Idee, es müsse sich um einen Schrank mit italienischem Stil und Dekor handeln. Mein Vorschlag, einen solchen bei IKEA zu suchen und

bei der Gelegenheit gleich auch unseren Kerzenvorrat aufzufüllen und – wenn man schon mal da ist – eine Portion Elchköttel zu essen, wurde von meiner Frau jedoch gleich so rigoros wie entrüstet abgelehnt.
„Nun bitte ich dich aber. Wann haben wir denn jemals Köttbullar gegessen, Liebling?“ fragte sie mich, und ich musste nach reiflicher Überlegung zugeben, dass das noch nie passiert war – oder höchstens einmal, aber das war gefühlte hundert Jahre her und wurde offenbar von mir erfolgreich verdrängt. An dieser Stelle gebe ich zu: Ich habe auch nur einmal im Leben einen Döner Kebap gegessen, und noch *nie* Köfte oder Falafel, und ich kenne auch keinen Mehmet und keinen Mesut, außer beim Fußball – aber was erzählt man nicht alles für eine gelungene Satire . . .
Nun gut, IKEA war gestrichen, aber mein Liebling hatte ‚Liebling‘ zu mir gesagt, und das machte mich so froh, dass ich auch gerne auf die schwedischen Fleischbällchen verzichten wollte. Irgendwann in den nächsten Tagen fiel uns ein Prospekt eines Baumarktes in die Hände, und darin sahen wir ihn – unseren schmalen Regalschrank mit Schubladen und Stangen für jahreszeitlich überflüssige Pullover – Schrägstrich – Blusen und Wintermäntel – Schrägstrich – Sommerjacken. Aus Italien, Firma ‚Milafiori‘, Modell ‚Milano‘. Als Bausatz.
„Den kannst du doch zusammenbauen, oder?!“ wollte meine Frau sicherheitshalber von mir wissen. Welche Frage!! Nichts leichter als das – mit einer vernünftigen

Bauanleitung ist so etwas für einen begnadeten Heimwerker doch ein Kinderspiel.
Eine Woche später schleppten meine Frau und ich ein großes, schweres Paket in die Wohnung und glaubten, als wir damit das Schlafzimmer erreicht hatten, den schwierigsten Teil der Aktion hinter uns. Sorgsam, um eine Beschädigung der schleifgelackten Einzelteile tunlichst zu vermeiden, öffnete ich die Verpackung und breitete die Bretter nebeneinander auf dem Boden aus. Das war bei einer späteren Gesamthöhe des Schrankes von knapp zwei Meter fünfzig eine echte Herausforderung, die ich aber im Handumdrehen meisterte. Ganz zuunterst fand ich die Montageanleitung. Das Werk konnte beginnen . . .
Lieber Kunde danke für Sie kaufen Milano Möbel.
„Liebling“, fragte ich meine Frau, „glaubst du, dass dieser Satz hier italienischen Ursprungs ist?“
„Das kommt mir spanisch vor“, antwortete Liebling.
„Aber wieso denn spanisch? Wir haben doch einen italienischen Schrank gekauft“, gab ich zu bedenken.
„Ich wollte das eher als Redewendung verstanden wissen. Schau doch mal nach, ob es da einen Fabrikationshinweis gibt.“
Ich blätterte zur letzten Seite und las *‚Milafiori S.p.A., Corso Viktor Emanuel III, I – 06022 Fossato di Vico‘.* Und dann, in Klammern *(‚Prodotto in Repubblica Popolare Cinese‘).*
„Da hast du's! Nicht italienisch, nicht spanisch – nein,

CHINESISCH! Das kann ja heiter werden.“
Meine Frau schien zu ahnen, dass sich die Montage schwieriger gestalten könnte als erwartet und entschied, sich in der Küche um ein ausgefallenes italienisches Menü zu kümmern, derweil ich mit derselben Sorgfalt einen ausgefallenen italienischen Schrank zusammenfügen würde. Gedacht – gesagt – getan!

Zuerst nehmen alle Teile aus Packung welche nicht gebraucht kann entsorgt. Zu sehen Sie jetzt alle Teile und Packung mit Shraube und Sniebel bitte zählen.

Ich schickte ein Stoßgebet zu IHM, der alles geschaffen hat, also auch den Schrank und die Montageanleitung, mit der Bitte um Vollzähligkeit der Shrauben und Sniebel und aller sonstigen Kleinteile.

Shtep 1: Nehmen Platte A vor Sie und stecken Sockelbrett 1 vorn in Nuttslitz a mit 2 Sniebel, festhalten dann shrauben. Selbes mit Sockelbrett 2 hinter in Nuttslitz b und Sockelbrett 3 link in Nuttslitz c und Sockelbrett 4 recht in Nuttslitz d, alles mit Sniebel, dann shrauben. Loslassen. Platte A mit Sockel ist Shrankboden. Fertig!

Was ist Nuttslitz und was sind Sniebel? Messerscharf konstatierte ich beim Betrachten der Gegenstände, dass es sich um Schlitze und Dübel handeln musste. Ich machte mich sogleich an die Arbeit und stand alsbald vor dem Schrankboden. Fertig!

Shtep 2: Stellen Seitenteil B hoch und halten mit linke Hand fest! Shauen ob unten Zapf 1 und Zapf 2 stecken in Nuttslitz. Achtung!! Darf keine Hohle sein zwischen Seitenteil B und Boden. Andere Hand Sie nehmen dann

RAPID-Leim und streiche uber Kante Teil B. Wenn Sie genug bestreicht haben mit rechte Hand fest drücke. Ganz fest! Wichtig ist so lange drücken bis es nicht mehr geht. Leim is hart, loslassen rechte Hand. Dann Shrauben in Bohrnutt stecken und drehen. Recht drehen – fest! Jetzt loslassen linke Hand und fertig! Achten darauf, Sie dürfen kein Vertaush machen Seitenteil B und Seitenteil C weil Bohrnutt für Innenböden is dann außen!

Ich gestehe, dass mir beim Studium der Anleitung allmählich der Schweiß ausbrach. Ich gab mein Bestes, hatte aber erhebliche Probleme mit den Nuttslitz und den beiden Zapf, weil meine Arme sich als zu kurz erwiesen, um mit der linken Hand das Seitenteil zu halten und gleichzeitig mit der rechten Hand die Leimtube zu öffnen und die Kante zu bestreichen – die zu allem Überfluss ja auch gar nicht mehr zu erreichen war, weil die Zapfen bereits im Bohrnutt steckten – oder wie jetzt? Sollte ich meine Frau zu Hilfe rufen? Nein, das ließ mein Heimwerkerstolz nicht zu.

Shtep 3: Machen mit Seitenteil C wie mit Seitenteil B nur anders! Fertig!

Da ich mit Schritt 2 noch nicht fertig war, hielt ich diese Aussage für ziemlich verfrüht. Ich stand mit diagonal zur Körperachse geneigtem Oberkörper vor dem Objekt, hielt links oben das Seitenteil fest und mit der rechten Hand die Tube und wusste im Moment nicht, mit welcher Hand ich die Schrauben drehen sollte. Ich entschied mich für rechts, ließ die Tube los, angelte nach den Schrauben, verlor das Gleichgewicht, machte einen

Ausfallschritt nach vorn, trat auf die Tube und entleerte sie mit einem saftigen Geräusch auf dem Bodenbrett. Da das so nicht in der Anleitung stand, ließ ich das Seitenteil los, um den Leim zu retten. Das Seitenteil nahm mir diese Entscheidung übel und neigte sich zur Seite. Sniebel und Nuttslitz und Bohrnutt und Shrauben verloren ihren systemgewollten Zusammenhalt. Nun gut! Der Leim erwies sich tatsächlich als sehr rapid. Ich sah mich genötigt, ihn schon nach wenigen Minuten in Krümeln abzuspachteln, um den Schrankboden zu retten. Anschließend beschloss ich, den vierten Schritt vor den beiden Shteps 2 und 3 zu tun und erst die Rückwand zu montieren, weil ich zur Fixierung dieses Teils die Zimmerwand zu Hilfe nehmen konnte.

Shtep 4: Stellen Hinterteil D hoch und halten mit beiden Händen fest. Drücken Sniebel fest nach unten! Pressen!

Diese Anweisungen irritierten mich doch etwas, das gebe ich zu. Gerade als ich so krumm dastand, betrat meine liebe Frau das Zimmer und fragte mich, was ich denn da wohl täte. Das sähe aus wie Schwangerschaftsgymnastik. Ob ich da vielleicht etwas falsch verstanden hätte. Ich ließ mich dadurch aber nicht beirren und arbeitete unverdrossen weiter. Allerdings musste ich nun rückwärts denken, um vorwärts zu kommen.

Achten darauf Sie dürfen kein Vertaushen machen von Teil B und C und D weil alle ein Winkel haben der für jeden Teil andere Richtung hat. Machen Sie einen Vertaushen dann steht der Shrank shief und ist instabile und fällt auf eine Seite und das wollen Sie nicht. Jetzt Klammer in Ausfräs von Teil B und Teil D und Teil C und Teil D um zu shaffen stabile.

Das Hinterteil stand, aber die Sache mit den Klammern stellte mich vor ein großes Problem. Leider lagen die Seitenteile B und C neben dem Boden A. Ich lehnte das Hinterteil an die Wand, richtete das linke Seitenteil auf, hielt es mit der linken Hand, bückte mich nach dem Schraubenzieher – als das Hinterteil nach vorne kippte. Es gelang mir, den freien Fall der Rückwand mit meinem Kopf zu stoppen, musste aber das Seitenteil loslassen, da ich nicht an den Schraubenzieher heranreichte. Das Teil donnerte zum zweiten Mal zu Boden. Um es vor dem Aufprall zu bewahren, hechtete ich ihm nach und gab damit dem Hinterteil den Weg nach vorne frei. Ich landete hart auf dem Seitenteil B, versenkte seinen Zapf 1 in meinen Bauchnabel und wurde begraben vom Hinterteil, dessen Sniebel den Kontakt zum Nuttslitz verloren hatte und sich stattdessen in meinen Rücken bohrte. So fand mich meine Frau, als sie mich zum Dinner rufen wollte.

Nach dem köstlichen Mahl ging ich frohgemut erneut ans Werk. Diesmal gelang mir das Kunststück, beide Seitenteile gleichzeitig aufzustellen und mit dem Hinterteil zu verbinden. Bei dieser Gelegenheit fand ich auch meinen Pantoffel wieder, mit dem ich in die Leimpfütze getreten war und der sich nun als festklebender Bestandteil der Bodenplatte präsentierte. Was ich leider nicht fand, war die Deckenplatte. Ich suchte Rat bei der Montageanleitung.

Shtep 5: Nehmen Platte E vor Sie und heben hoch uber Teile B, C und D. Sehen dass alle Zapf unter Nuttslitz stehen dann ablassen Platte E. Jetzt nehmen RAPID-Leim und streichen uber Kanten link, recht und hinten. Nun Achtung für Winkel sonst shief! Dann Shrauben in Bohrnutt und shrauben. WICHTIG: Platte A für Boden und Platte E für Deckel in ein Pack zusammen. Besser vor bauen trennen!

Dieser Tipp kam nun leider zu spät. Offenbar hatte ich die obere Platte zusammen mit der unteren verarbeitet, was die enorme Stabilität des Bodens erklärte. Ich beschloss, dieses Missgeschick erst einmal zu ignorieren. Die Leimung konnte ich auch vergessen, denn die Tube war leer, und mit dem Winkel schien auch irgendetwas anders gelaufen zu sein, denn der Schrank neigte sich um zirka 15 bis 20 Grad nach rechts. Vielleicht bekam ich die Vertikale wieder in den Griff, wenn ich die Zwischenwand montierte.

Shtep 6: Nehmen Mittelteil F Kopf nach oben Fuß nach unten und stellen Sniebel in Nuttslitz. Mit Shraubendreh Shlüsselknopf drehen. Recht drehen – fest. Link drehen – wackel. Falsh! Von oben durch Deckenplatte Shrauben in Bohrnutt und shrauben.

Die Schlüsselknöpfe fand ich schnell, doch die Schrauben durch die Decke konnte ich einsparen, weil ich ja keine Decke hatte. Aber Schrauben kann man eigentlich immer gebrauchen. Mit größter Wahrscheinlichkeit

würde ich beim Anbringen der Tür den Schrank wieder ins Lot rücken.
Shtep 7: Nehmen nun für link Seite 20 Nippel und stecken in Teil B Nippel in Nippelloch erst vorne wenn steckt dann hinten und selbes 4 x nach oben immer 2 Nippel. Dann selbes 5 x für recht Seite in Teil E.
Die Tür, wo war die verdammte Tür? Die musste doch irgendwo sein!
Jetzt legen Legeboden 5 bis 10 auf Nippel, immer in Ausfräs. Wenn ist alles in Winkel richtig gemacht und keine Hohle zwishen Nippel und Ausfräs liegen Legeboden in Waage. Link Seite fertig.
Bei unserem rechtsgeneigten Schrank lagen die Einlegeböden nicht in Waage, sondern hingen zirka 15 bis 20 Grad nach links. Scheinbar hatte ich Kopf und Fuß des Mittelteils verwechselt. Egal! Wo war die Tür?
Jetzt recht Seite: Nehmen Stängel-sostegno 1 und 2 und stecken in Sostegno-Fräs recht in Teil D und link in Teil E. Dann legen Stängel in beide Sostegni. Fertig!
‚Sostegno' klang italienisch. Ein Blick in unser Wörterbuch klärte mich darüber auf, dass es sich dabei um die beiden Halter der Garderobenstange handeln musste, die nach ihrer Montage leider auch nicht waagerecht auflag, sondern ein starkes Rechtsgefälle zeigte. Egal! Aber wo war die Tür?? Ich musste wohl oder übel mein geliebtes Weib um Hilfe bitten.
„Ich kann die Tür nicht finden, Liebling", gab ich kleinlaut zu, als meine Frau die Baustelle betrat. Sie antwortete mir nicht, sondern stand stumm da und starrte mit

geöffnetem Mund eine gefühlte Ewigkeit auf –
„Was *ist* das?“ Ihre Frage klang irgendwie fassungslos.
„Das ist unser neuer Garderobenschrank!“
„Das *ist* kein Schrank!“ Ihre Stimme wurde fester.
„Das sieht aus wie ein Hochhaus von Frank Gehry, nur ohne Dach. Oder – wenn du dich reinstellst – wie eine Performance-Skulptur von Erwin Wurm! Aber das ist *kein* Schrank!! Jedenfalls ist da noch jede Menge Luft nach oben, so ohne Decke, wenn ich das sagen darf. Dein schwarzer Lederpantoffel da drin auf dem weißen Lack gibt der ganzen Sache etwas Surrealistisches, beinahe etwas Mystisches. Stell das Ding doch mal auf den Kopf. Dann klebt der Pantoffel an der Decke. Das sieht noch psychedelischer aus . . . Der sinnleere Birkenstock-Schlappen auf dem Weg ins Himmelreich . . oder so ähnlich. Warum steht das Ding eigentlich so schief?“
„Da muss irgendwas mit den Nuttslitzen nicht gestimmt haben. Ist doch jetzt egal! Aber ich kann die Tür nicht finden – die verdammte Tür ist nicht da.“
Meine Frau betrachtete sich den Produktzettel auf der Verpackung, *welche nicht gebraucht kann entsorgt.*
„Hier steht: MILAFIORI S.P.A. – ARMADIO SENZA PORTA – was heißt das?“
Ein paar Minuten später tat uns das Wörterbuch kund, dass wir leider einen Garderobenschrank ohne Tür gekauft hatten. Was nun?
Habe ich schon erwähnt, dass meiner Frau neben vielen anderen wundervollen Eigenschaften ein ausgeprägter

Pragmatismus zu eigen ist? Sie wusste, was zu tun war: Am nächsten Wochenende, so berichtete sie mir, liefe die Aktion ‚Offene Galerie'. Unser deckel- und türloser Schrank wäre durch seine Offenheit ein geradezu vortreffliches Objekt und könne mit seiner mutigen und inspirierenden Pantoffel-Performance der wegweisende Mittelpunkt unserer Bilder-Galerie sein.
„Wir öffnen unsere Räumlichkeiten für Kunstinteressierte und bieten Samstag und Sonntag Führungen an. Dein merkwürdiges Gebilde präsentieren wir als Skulptur von ‚Milafiori' und nennen es bei seinem Namen: ‚Milano'. Vielleicht können wir es sogar gewinnbringend verkaufen. Was sagst du dazu?"
Natürlich war ich von dieser Idee sehr angetan, konnte aber meine Frustration über die abwertende Klassifizierung meiner Arbeit – ‚dein merkwürdiges Gebilde' – nicht verbergen. Ich hatte Stunden meines Lebens damit verbracht, hatte mich mit einer äußerst fragwürdigen Montageanleitung abgequält und meinen Pantoffel verloren. Da konnte man doch wohl eine gewisse Wertschätzung erwarten. Also sagte ich nichts dazu, sondern fragte sie stattdessen mit einem sarkastischen Unterton:
„Und wohin packst du dann unsere Winter- beziehungsweise unsere Sommerklamotten?"
„Die legen wir dahin, wo in *meiner* Familie immer alles hingelegt wurde, was man gerade nicht braucht: auf den Schlafzimmerschrank!"

Wühltisch zwo (*)

Ich trage Feinripp, lang und kurz,
mit Eingriff – die sind prima.
Die sehen zwar nicht sexy aus –
doch schaffen sie ein Klima

gesunder Ausgewogenheit
bei sommerlicher Hitze.
Als deutscher Mann, da mag ich's nicht,
wenn untenrum ich schwitze.

Im Winter ist es umgekehrt,
da mag ‚Mann', wie ich höre,
es absolut und gar nicht gern,
wenn sein Gemächt' erfröre.

Auch luftdurchlässig ist der Stoff,
und das ist zu begrüßen.
Er lässt Luft raus . . . und Frischluft rein,
dass keine Keime sprießen.

Drum wühle ich im Schlussverkauf
sehr früh schon auf den Tischen,
um meinen Ripp-Slip Größe 6
ganz schnell heraus zu fischen.

(*) *siehe „Wühltisch" im Buch* ***„nee, echt jetzt ?!"***

„Sich selbst auf den Arm nehmen
gibt den besten Muskelkater“

Manfred Hinrich

Kaffeekauf

Wir standen bei Mehmet und kauten etwas lustlos auf unseren Nummern 10 herum – Döner, aber ohne 7 –, Weißkrautsalat war alle! Zwischen zwei kräftigen Bissen schmatzte mein Freund kauend:
„Ich bin übermorgen im Fernsehen. Muss du mal einschalten. Im RBB*."
Ich schluckte und spülte mit Nummer 25 nach – Cola, wieder mal pisswarm –, bevor ich erstaunt fragte:
„***Du***? Im ***Fernsehen***? Wieso das denn??"
Wieder schmatzte mein Freund hörbar.
„Ich hab' Kaffee gekauft!"
„Ja und? Dafür kommt man doch nicht ins Fernsehen!"
„Hast du 'ne Ahnung. Pass auf! Das war so: Ich war unterwegs in Charlottenburg und erinnerte mich daran, dass meine Frau hatte gesagt, der Kaffee wäre bald alle. Ich dachte, dann bring' ich eben Kaffee mit. Ich also auf der Wilmersdorfer rein in den TCHIBO-Kaffeeladen. Bre-chend-voll, sag ich dir. Kennst du den Laden? Also gleich links stand eine junge Dame in weiß-schwarzem Dress und präsentierte ein neues Kaffeegeschirr. Um die Ecke hingen BHs und Slips in den aufregendsten Modellen, gegenüber die Unterhemden und Schlafanzüge für die Männer. Überall davor ein wahn-sin-ni-ges Gedränge. In einer Ecke würgte sich eine Dame mit Konfektionsgröße 48 in ein 42er-Nachthemd,

gab aber in der Körpermitte auf und wollte wieder da raus – ging aber nicht. Rechts von der Tür ein irrsinniges Gewusel an der Theke mit Kaffee und Kuchen. Links davon die Kasse, lange Schlange davor. Oh Gott, dachte ich, das kann dauern. In der hinteren Ecke jede Menge Sportklamotten."

„Und wann kommt der RBB?"

„Wart's ab! Mehmet, was könntest du uns als Dessert empfehlen – irgendwas ohne Nummer?"

„Nix!!" Mehmet war immer noch muffelig wegen unseres Disputs mit Mesut.

„Also, ich stellte mich in die Schlange vor der Kasse. Vor mir dicke Damen mit Bademänteln über dem Arm, dünne Damen mit Dessous in der Hand, alte und junge Männer mit Trainingshosen und Windjacken über den Schultern. Es ging und ging nicht vorwärts. Nach einer halben Stunde hatte ich mich auf den dritten Platz vorgeschoben und erlebte nun, warum es nur so langsam weiter ging. Die Dame, die jetzt an der Reihe war, hielt der Verkäuferin ein T-Shirt hin.

‚Datt is zu klein, Frollein!'

‚Haben Sie den Kassenzettel?'

‚Nee, hann isch nitt. Datt is zu klein!'

‚Ja, aber ohne Kassenzettel kann ich das nicht umtauschen. Wann haben Sie das denn gekauft?'

‚Jestern! Isch will datt nitt umtauschen, Frollein, isch will mein Jeld zurück! Datt is zu klein!'

‚Schauen Sie doch noch mal in Ihr Portemonnaie, ob da

nicht doch der Bon drin liegt.‘
Die Dame tat, wie ihr geheißen und fummelte in ihrer Handtasche nach der Geldbörse. Das dauerte geraume Zeit, aber endlich – endlich kam das Portemonnaie zum Vorschein. Und – was soll ich dir sagen: Nach weiteren Minuten fand sich tatsächlich der Kassenbon. Geld zurück, der nächste bitte und ich auf Platz zwei.
Ein Herr verlangte, die Jogginghose zu kaufen. Größe? 54! Farbe? Blau! Material? 50 % Baumwolle, 50 % Modal, mit Stretchanteil! 29 Euro 50! Den Bon guuut aufheben – für den Umtausch! Jetzt – stell dir vor, jetzt!!! war ich dran!!! Mehmet, bring uns doch noch mal zwei Cola bitte – ähh, also zweimal die 25! Aber kalt. Hat ‚kalt‘ ‘ne extra Nummer?“
Mehmet haute uns mit finsterem Blick zwei Cola auf den Tisch – pisswarm!
„Kühlung is kaputt!“ knurrte er.
„Wann kommt denn nun der RBB?“ wollte ich wissen.
„Pass auf, jetzt war ich dran! ‚Ich hätte gerne ein Pfund Perlbohnen, für die Kaffeemaschine gemahlen.“
Die junge Verkäuferin starrte mich entgeistert an.
‚Wie bitte?‘
Geduldig wiederholte ich meinen Wunsch. Die Verkäuferin schüttelte den Kopf.
‚***Kaffee***? Sie wollen – ***Kaffee*** kaufen?‘
Ich bejahte etwas konsterniert.
‚Bitte warten Sie einen Moment. Ich muss eben meine Chefin fragen‘, stammelte sie und ging in den hinteren

Teil des Ladens, wo eine dralle Kollegin einem Kunden gerade eine Schmuck- und Uhrenkollektion vorführte. ‚Du, Jennifer, da will ein Mann ***Kaffee*** kaufen. Was soll ich denn jetzt machen?' hörte ich meine Verkäuferin verschüchtert fragen.
‚Der will ***was***?'
‚***Kaffee*** kaufen!'
‚Wieso denn ***das***?'
‚Das hat er nicht gesagt.'
‚Warte, ich rufe die Geschäftsleitung in Hamburg an.' Sie verschwand hinter der Tür NUR FÜR PERSONAL. Die Schlange hinter mir wurde immer länger und meine Verkäuferin bat mich, ein wenig zur Seite zu treten, damit sie weiterbedienen könne. Während ich geduldig wartete, erhielten mehrere Kunden einen Handy-Vertrag mit Flatrate, Unterwäsche und Kinderkleidung. Ein Ehepaar ließ sich ein Girokonto einrichten und kassierte dafür 160 Euro. Mehrere Kleidungsstücke wurden umgetauscht und ein Liefervertrag für eine Schlafzimmereinrichtung wurde abgeschlossen. Ich wartete . . ."
„Verdammt, wann kommt denn nun der RBB??!!"
„. . . und dann kam der RBB! Draußen hielten zwei Ü-Wagen und ein Aufnahmeteam stürmte das Geschäft. Der Regisseur erläuterte kurz und bündig, wie er sich das ganze Procedere vorstellte: Zuerst befragt der Reporter mich, wechselt dann zur Verkäuferin und interviewt sie. ‚Haben Sie das alles verstanden?' Wir hatten. Also los: Kamera ab! Ton ab! Kamera läuft! Ton läuft!

Klappe!! Kaffee die Erste! Der Reporter tritt ins Bild und auf mich zu:
‚Guten Tag, mein Herr, wie heißen Sie?'
‚Ich heiße . . . muss ich das wirklich sagen?'
‚**Aaaaus**! Nein, das können wir uns schenken. Wir drehen hier ja keinen Sketch von Loriot! Also, noch mal!'
Klappe!! Kaffee die Zweite!
‚Guten Tag, mein Herr, uns wurde berichtet, dass Sie hier ***Kaffee*** kaufen wollen. Würden Sie uns und unseren Zuschauern bitte erzählen, was Sie dazu bewogen hat?'
‚Naja, wir trinken ihn – den Kaffee – zuhause – wenn Sie verstehen . . . Ich bin bei aller Bescheidenheit so was wie ein Kaffee-Experte.'
‚Das ist so ungewöhnlich ***nicht***, mein Herr. Viele unserer Zuschauer trinken Kaffee, ich selbst auch – regelmäßig. Aber wieso wollen Sie ***hier*** Kaffee kaufen?'
‚Nun, ich dachte, das wäre hier ein Kaffeegeschäft.'
Der Reporter war sichtlich irritiert und wandte sich der Verkäuferin zu.
‚Meine Dame, darf ich nach Ihrem Namen fragen? . . . oder sollen wir das lassen?' – fragender Blick zum Regisseur.
‚**Aaaaus**! Wollen ***Sie*** Ihren Namen sagen?'
‚Ja.'
‚Gut, also noch mal!'
Klappe!! Kaffee die Dritte!
‚Junge Dame, darf ich Sie nach Ihrem Namen fragen?'
‚Wanda Stiefel.'

‚Wie bitte? Wanderstiefel??'
‚**Aaaaus**!! ***Wie*** heißen Sie? Bin ich hier bei der versteckten Kamera oder drehen wir doch Loriot?'
‚Nicht Wanderstiefel – Wanda! Wanda Stiefel!'
‚Den Stiefel lassen wir weg, nur den Vornamen. Also noch mal!!'
Klappe!! Kaffee die Vierte!
‚Wanda!'
‚Wanda, wann haben Sie hier in diesem Geschäft zum letzten Mal ***Kaffee*** verkauft?'
‚Ja . . . also . . . ich bin erst seit zwei Jahren hier . . . und in dieser Zeit . . . noch nie.'
‚Ja, würden Sie denn gerne mal ***Kaffee*** verkaufen?'
‚Ja . . . also . . . eigentlich schon . . . das wär' mal was anderes . . . oder?'
Dann befragte der Reporter noch ein paar Kunden, was sie denn wohl davon hielten, in diesem Laden ***Kaffee*** zu kaufen, was bei den meisten ratlose Reaktionen hervorrief. Ich bekam dann nach intensiver Suche im Lager tatsächlich mein Pfund Kaffee, musste mich beim Verlassen des Geschäftes aber noch bei einer Polizeistreife ausweisen, weil ich als Verursacher der Störung der öffentlichen Ordnung erkannt worden war – oder so ähnlich. Vorm Schaufenster hatte sich nämlich eine große Menschenmenge versammelt, die den Dreharbeiten zuschauen wollte. Aber das Tollste kommt jetzt noch! Stell dir vor – TCHIBO hat mich engagiert als neuen Kaffee-Experten. Kannst du dich noch daran erinnern?

Anfang der Sechziger gab es doch diesen Dicken mit der schwarzen Melone. Diesen Mister Pithey, so hieß der doch. Den spiele ***ich*** jetzt – und TCHIBO will in seinen Geschäften tatsächlich wieder verstärkt auf Kaffee setzen! Zuhause habe ich meiner Frau erzählt, was mir passiert ist. Sie hat sich fast weggeschmissen vor Lachen, weil ich bei TCHIBO allen Ernstes Kaffee kaufen wollte. Kaffee, erzählte sie mir, kauft man im Supermarkt oder im KADEWE oder bei P&C im Café Einstein – oder besser noch im Internet."

Mehmet hatte interessiert zugehört. Jetzt kam er an unseren Stehtisch.

„Kannstu Kaffee bei mir kaufen, Alter. Hundert Pro Arabica, ischwör!"

„Welche Nummer?" fragte ich schmunzelnd.

„Brauchstu nich grinsen, Alter. Nummer 42! Heißgetränke fangen bei 40 an. Willstu türkisch Tee? Sag 40! Willstu Kakau? Sag 47! Willstu heiße Milch? Sag 49!"

„Und welche Nummer hat ***warme*** Cola?" feixte mein Freund.

„Du misch auch, Alter! Wallah!!"

* *Rundfunk Berlin-Brandenburg*

„Jeder Mensch ist ein Clown,
aber nur wenige haben den Mut,
es zu zeigen“

Charlie Rivel

1 – 2 – 3

Wenn ich 1 nicht leiden kann –
da gibt es keinen 2fel –
dann ist das 4fruchtmarmelade
mit Kernobst aus der Eifel.

Den 3köpfigen Cerberus
legt Herkules in Stricken.
Ihr wollt wissen, wo das war?
Ich glaube, in 2brücken.

In 9kirchen an der Saar
muss streng man darauf 8en:
Nächtens zieht man durch die Bars,
tags muss man übern8en.

Die 5-Tage-Woche wär‘
für alle wohl ein Segen,
wenn man 2 Tage schuften müsst‘ –
das käm‘ mir sehr gelegen.

Die 7 Zwerge tief im Wald,
die retteten Schneewittchen.
In Wahrheit wollten sie nur 6 –
dafür kommt man ins Kittchen.

Wer glaubt, bei der 3faltigkeit
handelt es sich um Falten,
der sollte sich nicht unbedingt
für'n Hochbegabten halten.

Im 10er-Pack ist's billiger,
da locken die Prozente –
10 Jahre weniger malochen
mindert stark die Rente.

Der 7schläfer schläft gern bei,
wohl 7mal pro N8,
doch wenn er es nur 5mal schafft,
dann wird er ausgel8.

Die Monroe hatte 6appeal
wohl über alle Maßen,
soviel, dass die 2 Kennedys
ihre Moral vergaßen.

Die Hexen reiten Satan wund
in der Walpurgisnacht –
auch bei der High Society
geht's nur um 6 und M8.

Wolfgang Schäubles schwarze 0
geht ein in die Annalen.
Doch ehrlich – wenn ich daran denk',
hab' ich genug von Zahlen . . .

Selbst die erfolgreichsten Regisseure scheitern bei Literatur-Verfilmungen an dem Problem, die *Gedanken* der Protagonisten in Bilder umzusetzen und sichtbar zu machen. Die einzige Alternative bietet das **Kopfkino**, wobei in der Folge die Gedanken *kursiv* und die Dialoge normal geschrieben werden. Lehnen Sie sich also entspannt zurück und **lesen** Sie den Film

Der Weihnachtsbaum

Ein gediegen eingerichtetes Wohnzimmer. Gedämpftes Licht. Sanfte Musik: Weihnachtskonzert von Corelli.

Ehefrau: Liebling, es wird bald Zeit. Wenn wir noch einen schönen Baum bekommen wollen, müsstest du allmählich daran denken, zum Christbaumhändler zu gehen. *Oh Gott, jedes Jahr dasselbe Drama. Wer weiß, was er dieses Mal für einen Stängel anschleppt. Aber ich mach diesmal keine Szene. Nein, ich werde ihm die Freude machen und* ***nicht*** *meckern. Er kann ja schließlich nichts dafür, dass er keinen Blick für Schönheit hat.*

Ehemann: Ist gut, mein Schatz. Ich gehe gleich los. Was du heute kannst besorgen – na, du weißt schon. Bis gleich. *Oh Gott, the same procedure as last year? The same procedure as* ***every*** *year . . . Aber diesmal mach ich's anders. Ich gebe mir* ***ü-ber-haupt*** *keine Mühe, sondern schnappe mir den erstbesten Knüppel, der da rumsteht. Ich muss ihn ja* ***doch*** *wieder umtauschen.*

Die Tür fällt ins Schloss. Der Mann geht durchs Treppenhaus auf die Straße und steuert die nächste Kreuzung an. Ein umzäuntes Areal steht voller Weihnachtsbäume. Der Mann greift sich ein krummes Bäumchen, schleppt es nach Hause und wuchtet es ins Wohnzimmer.

Ehemann: Hallo mein Schatz, da bin ich wieder! *Jetzt bin ich mal gespannt, was sie zu* **diesem** *Baum sagt.*
Ehefrau: *Ach du lieber Himmel, was ist* **das** *denn? Hat man so was schon mal gesehen? Dafür muss er ja noch Geld rausgekriegt haben. Das-gibt's-doch-gar-nicht!!!* Nein, ist das ein schöner Baum! Wo hast du **den** denn her? Das ist wirklich ein Prachtstück!! *Ich hab's mir geschworen. Ich hab's mir geschworen. Ich will ihm eine Freude machen.*
Ehemann: Jaja, ich geh ja schon und tausche ihn um. Bin gleich wieder da. *Jedes Jahr dasselbe Theater. Ich hab's ja gewusst!!*
Ehefrau: Aber der ist doch **schön**. Warum willst du den denn umtauschen? *Ist der verrückt geworden? So einen Knüppel hat er ja noch* **nie** *ausgesucht? Wie soll ich den denn bloß geschmückt kriegen??*
Ehemann: *Ist die verrückt geworden? So einen Knüppel hab ich ja noch* **nie** *ausgesucht! Will die mich hochnehmen? Nein, das lasse ich mir nicht bieten.* Ich tausche den jetzt um, basta!! Ich hab den Baum jedes Jahr umgetauscht – mindestens dreimal! Du kannst doch nicht plötzlich hier neue Sitten einführen.
Ehefrau: *Ich werde noch bekloppt mit diesem Mann. Jetzt will ich ihm eine Freude machen – und er verweigert sich. Es ist nicht zu fassen.* Aber nein, Liebling, du sollst den Baum nicht umtauschen. Er ist wunderschön. Lass ihn hier, stell ihn auf und wir schmücken ihn dann gemeinsam. Komm, sei nicht so stur. Lass ihn hier.

Ehemann: Hier hast du deinen verdammten Baum. Ich geh jetzt und hol einen anderen. Wir sind jetzt fast vierzig Jahre verheiratet, und ich habe je-des Jahr einen anderen Baum geholt. Da fang ich doch jetzt nicht an, damit aufzuhören!! *Ich hole jetzt solange einen neuen Baum, bis sie zugibt, dass alle scheiße aussehen. Das wäre ja noch schöner, dass ich keinen Baum mehr umtauschen dürfte!*

Der Mann stellt den krummen Weihnachtsbaum in die Ecke und verlässt die Wohnung. Er eilt zurück zum Christbaumhändler und kauft eine schlanke, dürre Fichte mit kahlen Stellen. Schnaufend schleppt er den Baum die Treppe hoch in die Wohnung und präsentiert ihn stolz.

Ehemann: Nun, mein Schatz, was sagst du zu diesem Prachtstück? *Jetzt* ***muss*** *sie doch endlich explodieren!! Dieses scheußliche Teil kann sie doch nicht gutheißen.*

Ehefrau: *Ich werd' verrückt! Ich dreh' durch. Jetzt bin ich fast vierzig Jahre mit diesem Mann verheiratet und lerne ihn erst jetzt richtig kennen. Meine Mutter hatte Recht. Ich hätte damals den Sigismund heiraten sollen. Aber ich hab's mir geschworen. Ich-ha-be-es-mir-geschwo-ren. Ich finde den Baum* ***schön****!!* Der ist ja fast noch schöner als der erste Baum, Liebling!! Da weiß ich ja jetzt gar nicht, für welchen ich mich entscheiden soll. *Mein Gott, der Mann hat ja wirklich* ***gar keinen*** *Geschmack. Ist der* ***irre****??*

Ehemann: Du findest den **schön**?? Bist du noch ganz bei Trost? Hier, wenn du dich nicht entscheiden kannst, dann behalte doch **beide**!! Ich gehe jetzt und hole einen anderen Baum. Das wäre doch gelacht, wenn ich nicht einen vernünftigen Christbaum fände. *Was ist denn bloß mit meiner Frau los? Die war doch sonst nicht so. Muss ich mir allmählich Sorgen machen? Sie hat sich doch immer so viel auf ihren guten Geschmack eingebildet. Ich hol' jetzt einen dritten Baum, verdammt!*

Er schlägt die Tür hinter sich zu und stampft zum Christbaum-Areal. Er angelt sich einen kurzen, dicken Baum mit einer dreigeteilten Spitze, ächzt nach Hause und stellt ihn zu den beiden anderen ins Zimmer.

Ehemann: So, jetzt wollen wir doch mal sehen, ob dir dieser Baum auch nicht gefällt!

Ehefrau: (schluchzt) Aber die gefallen mir doch **alle**, Liebling, das sage ich doch die ganze Zeit. Wieviele willst du denn **noch** kaufen?

Ehemann: (brüllt) **Dir hat in all den Jahren noch nie ein Baum gefallen! Wieso gefallen sie dir denn diesmal? Ich hol jetzt den nächsten. Irgendwann wird es wohl der Richtige sein!!**

Er stürmt aus der Wohnung und geht zum Weihnachtsbaum-Händler. Der bietet ihm das „du" an und sagt, er heiße Herbert. Der Ehemann heißt das gut und beide nehmen einen kräftigen Schluck – zur Bekräftigung der Freundschaft. Dann nehmen sie noch einen Schluck, weil man auf einem Bein . . . . und so weiter und so weiter. In der Wohnung klingelt das Telefon. Die Ehefrau meldet sich mit zitternder Stimme.

Tochter: Hallo Mutti, is' irgendwas? Du klingst so komisch. Ich wollte nur mal hören, ob mit Weihnachten alles klar ist. Habt ihr schon einen Tannenbaum?

Ehefrau: (schluchzt) Ach, hör bloß auf. **Einen** Tannenbaum?? Wir haben inzwischen schon **drei**!! Dein Vater scheint verrückt geworden zu sein. Gerade geht er los und holt den nächsten. Ich bin mit den Nerven völlig am Ende.

Tochter: Ach Mutti, jetzt beruhige dich doch! *Ich hab's ja gewusst. Jetzt machen die Alten wieder den Weihnachtsbaum-Stress! Je-des Jahr!! Als hätte ich in meinem Job nicht schon genug um die Ohren!! Ich werde mal meinen Bruder anrufen. Soll der sich diesmal drum kümmern. Ich hab' die Faxen dicke!!* Papa kriegt sich schon wieder ein. Das ist doch jedes Jahr so. Wart's ab, das kommt alles in die Reihe.

Ehefrau: (schluchzt) Ja, aber, Kind, diesmal ist es anders. Ich wollte ihm (schluchz) eine Freude machen und hab' gesagt, der erste Baum wäre wunderschön. Aber er hat mir das (schluchz) nicht geglaubt. *Jetzt will sie mich wieder beruhigen. Hält natürlich wieder zu ihrem Vater – wie immer. Sie könnte ruhig mal ein bisschen an mich denken. Aber nein – immer bin ich die Blöde.*

Tochter: *Ich werd' nicht mehr! Herr, schenk' mir Kraft. Könnte nicht mal Irgendjemand Weihnachten abschaffen? Oder wenigstens die Tannenbäume? Die Grünen sind doch sonst immer so flott dabei mit ihren Umweltschutz-Forderungen.* Mutti, reg' dich nicht auf. Ich rufe jetzt euren Sohn an. Mein Bruder kann sich ja auch mal ein paar Gedanken machen. Wir sehen uns. Ciao Mutti!

Im Tannenbaum-Gehege haben der Verkäufer und der Ehemann inzwischen eine Flasche „Wurzelsepp" – einen Kräuterbitter mit 40 Volumenprozenten – geleert und fühlen sich dementsprechend wohl. Der

Ehemann beschließt, einen schief gewachsenen Baum zu kaufen, den er mit seinem Wurzelsepp-getrübten Blick für kerzengerade hält. Sein Freund Herbert schlägt vor, ihn mit einem weiteren Baum zu begleiten, damit er nicht noch einmal kommen muss, denn er wäre ja auch nicht mehr der Jüngste und der Kräftigste und überhaupt. Beide schleppen ihre Bäume schwankend nach Hause und nehmen noch einen Schluck.

Ehemann: HalloLiebling – hierhassunocheinBaum. *Jezz kucksewa?? Jezzhassu vierBäumehassujezz!!*

Verkäufer: Gudnabend – Gnädigste – meiNameisHerbert – unhierhammsenocheinBaum! *Donnerlüttchen – washatmeinFreund – dochfürein – schluckeniges – äh – schnuckeligesWeibchen – hatmeinFreund!!*

Ehefrau: Sag mal, hast du **getrunken?? Du trinkst doch sonst nicht tagsüber!** Und wer ist der **Holzfäller** da hinter dir? *Das darf doch alles gar nicht wahr sein!! Womit habe ich das verdient?? Jetzt stehen hier **fünf** Tannenbäume im Wohnzimmer!! Was sollen denn bloß die Nachbarn denken. Ich lass mich scheiden, verflixt noch mal, ich schwör's, **ich-lass-mich-scheiden**!!!*

Verkäufer: Herbert! MeiNameisHerbert – **Her** – bert!!

Ehemann: Getrunkn? Ichabdochnich – getrunkn. Wie – kommssudenndadrauf? Wohassudenn – denKissbaumschluck – äh – denKriss – baum – schluck – **schmuck**? *Mannisdiesauer! Sosauerhabich – diejanonie – gesehn!*

Ehefrau: (brüllt) **Ihr bringt jetzt sofort – so-fort – alle Tannenbäume zurück. Ich will hier kei-nen Tannenbaum mehr sehen, ist-das-klar? Die sind alle so was von hässlich!** (schluchzt) Wie kann man denn nur überhaupt **keinen Sinn für Schönheit** haben, **sag' mir das.**

Ehemann: (brüllt) **So! Jezzhassudich – verratenhassudich! AlleBäumesehenscheißeaus hassugesagt. Un ichbringkeinßurück! Kein! KEIN!!** *Nee, keinbring ichßurück. Ichlassmichscheiden – lassichmich!!*

Es klingelt heftig an der Tür. Die Ehefrau kämpft sich durch die Fichtenschonung, hastet durch die Diele und öffnet. Draußen steht der Sohn. Er betritt die Wohnung und hat die Großmutter am Arm. Die alte Dame ist die Mutter väterlicherseits, 87 Jahre alt, lebt in einem Pflegeheim, vergisst schon mal etwas und bringt auch manchmal einiges gewaltig durcheinander, ist aber ansonsten körperlich fit und munter.

Sohn: Tach Mutti, Schwesterherz hat mich angerufen und war voll panisch. Was'n los hier bei Euch? Wieder Weihnachtsstress? Wer is'nn der Waldschrat da neben Papa? Der sieht ja voll krass aus, ey! Ich hab' Omma mitgebracht. War doch richtig, oder?! Hallo Papa! *Ach du Scheiße, hier is' ja mal wieder alles zu spät. Total voll das Chaos!! Papa besoffen, Mutti hysterisch und meine Schwester verpisst sich!! Frohe Weihnachten!!!!*

Ehefrau: (schluchzt) Ach, Junge . . . ach, Oma . . .

Großmutter: Guten Abend, ihr Lieben. Ich wusste ja gar nicht, dass ihr jetzt im **Wald** wohnt. Habt ihr **hier** meine Ostereier versteckt . . . ?

Abspann:

Ehefrau . . . . Mutti
Ehemann . . . . Papa
Tochter . . . . Kind
Sohn . . . . Junge
Verkäufer . . . . Herbert
Großmutter . . . . Oma

„Komik ist Tragik in Spiegelschrift“

Max Herre

Außenseiter

„Was machst du denn für ein Gesicht?“
„Ich bin uncool!“
„Du bist ***was***?“
„Un-cool!“
„Und wieso, wenn ich fragen darf?!“
„Ich hab nichts.“
„Ich hab auch nix! Guck mich an. Hier – meine Tasche ist leer! Da bist du in guter Gesellschaft.“
„Ob ich bei dir in guter Gesellschaft bin, sei mal dahingestellt. Ich meine aber keine *irdischen* Güter! Kein Geld!! Du denkst immer nur materiell! Es gibt auch noch andere Werte! Ideelles!! Emotionales!!! Empathisches!!!! Allergisches!!!!!“
„Reg dich wieder ab. Was meinst du denn damit – du hast nichts?!“
„Vor drei Wochen lag ein dicker Brief im Briefkasten. Eine Einladung zu einem Treffen des Abitur-Jahrgangs 1985. Mit Ehepartnern oder Lebensabschnittsgefährten – wie der einladende ehemalige Klassenprimus sich auszudrücken pflegte. Soweit – so gut! Interessant war der beiliegende Fragebogen. Der begann mit der Frage, ob man dem Treffen beiwohnen wolle: ja / nein – mit Partner*in: ja / nein. Aber dann ging’s richtig los! Wenn man sich also zu einer Teilnahme entschlösse, was natürlich alle, die sich ebenfalls entschlössen, waaaaahn-

sinnig freuen würde, weil es ja nach all den Jahren so waaaaahnsinnig viel zu erzählen gäbe, müsse er als Organisator des Treffens wissen, ob man an einem Dinner, exklusiv zubereitet von einem Sternekoch, den er unlängst anlässlich eines Geschäftsessens mit führenden europäischen Unternehmensberater*innen kennen- und kulinarisch schätzen gelernt hätte, teilnehmen wolle: ja / nein. Wenn ja, möge man bitte a) 150 € pro teilnehmende Person auf unten stehendes Konto überweisen (exklusive Getränke!) und b) die folgenden sechs Fragen wahrheitsgemäß beantworten."

„Du lieber Himmel, dein alter Kumpel geht ja flott zur Sache. Aber wieso bist du denn nun uncool? Hat das was mit den Fragen zu tun?"

„Pass auf: Frage 1 lautete: ‚Hast du / dein(e) Partner*in Lebensmittel-Allergien? ja / nein; Frage 2: Welche? Lactoseintoleranz? Glutenunverträglichkeit? Bitte Beiblatt hinzufügen, wenn der Platz nicht reicht! Frage 3 wollte wissen: Was isst du / dein(e) Partner*in grundsätzlich **nicht**? Frage 4 erkundigte sich danach, was ich Schrägstrich mein Klammer auf ‚e' Klammer zu Partner Sternchen ‚in' denn **gerne** äße, Frage 5 erkundigte sich nach meiner beziehungsweise unserer Zugehörigkeit zur Vegetarier- oder Veganer-Gemeinde und Frage 6 fragte nach meinen Schrägstrich unseren Trinkanimositäten."

„Was hat denn deine Frau dazu gesagt?"

„Die hat sofort entschieden, dass unser früherer Klassenprimus a) ganz offensichtlich ein ziemlich durchgeknalltes Arschloch geworden sein muss und b) sich an dem Abend seinen Sternekoch sonstwo hinschieben kann. ***Sie*** würde da auf gar keinen Fall dabei sein – und für 150 € pro Person schon überhaupt nicht."

„Was denn, deine Frau gebraucht ***dieses*** Vokabular?"

„Nur, wenn sie sehr wütend ist!"

„Aha! Und wie hast du reagiert? Hast du geantwortet?"

„Na ja, ich wollte nicht unhöflich sein und habe den Fragebogen zurückgeschickt. Erste Antwort: **„nein!"**. Bei der zweiten Frage habe ich natürlich **„keine"** geschrieben und Lactoseintoleranz und Glutenunverträglichkeit durchgestrichen. Die dritte Frage habe ich mit **„Hirn und Hoden!"** beantwortet und die vierte Frage mit **„sonst alles!"**. Meine Antwort auf Frage fünf lautete: **„weder noch"** und bei der sechsten Frage habe ich **„süßer Wein"** geschrieben – und dann: ab die Post!"

„Und dann?"

„Dann kam nach ein paar Tagen ein Anruf:

‚High, altes Haus! Du lebst also auch noch!?'

Ich bejahte.

‚Wundert mich eigentlich – oder besser: wundert uns **alle**! Du hast mir da den Fragebogen zurückgeschickt – hast du die Fragen eigentlich richtig verstanden?'

Ich bejahte.

‚Willst du damit sagen, du hast alle Fragen richtig beantwortet? Ich meine – ehrlich?'

Ich bejahte.
‚Du willst uns also weismachen, du hast **keine** Allergien? Du kannst **alles** essen?'
Ich verneinte und bejahte.
‚Ja, was denn nun? Kannst du alles essen?'
Ja, außer Hirn!
‚Herrgott nochmal, wer isst denn schon Hirn? Aber sonst **alles**, wirklich **alles**?'
Und Hoden!!
‚Mensch, alter Junge, geh mir nicht auf den Sack mit deinen Hoden!! Das ist doch abartig. Kein Mensch isst Hoden. Aber – auch kein Mensch, jedenfalls keiner aus unserer alten Klasse, isst **alles**! Mein Freund, der Sternekoch – kennst du auch aus dem Fernsehen, Korinth heißt der – also der weiß nicht, wie er dich in seinem Menü unterbringen soll. **Keiner** von uns isst **alles**. **Alle** haben irgendeine Allergie gegen **irgendwas**!! Gibt es denn **gar nichts**, was du nicht verträgst? Überleg doch mal!!'
Nee.
‚Herrgott, wie **uncool** ist **das** denn!!?? Also, so leid es uns tut, alter Knabe, aber dann muss ich dir die 150 Piepen zurücküberweisen. Sag mir noch mal deine Kontonummer. Tut uns echt leid. Vielleicht klappt's dann beim nächsten Klassentreffen. Irgendwas verträgst du in ein paar Jahren bestimmt nicht, glaub's mir. Kopf hoch, wird schon wieder!!'

Siehst du! Deshalb bin ich **uncool**! Früher hat man alles gegessen, heute hat fast jeder eine Unverträglichkeit. Früher war eben alles anders. Als wir Kinder waren, haben wir gegessen, was auf den Tisch kam. Die Kinder heutzutage haben es da viel schwerer. Was sie mögen, dürfen sie nicht essen, und was sie dürfen, mögen sie nicht. Das ist doch traurig, oder?"

„Ja, schon, aber Allergiker gab's doch früher auch."

„Mag sein, aber wenn die Ausnahme zur Regel wird, wirst ***du*** zur Ausnahme und bist uncool. Aber ein Gutes hatte die ganze Sache doch! Unser Unternehmensberater-Primus hat mir die 150 € zurücküberwiesen, die ich noch gar nicht bezahlt hatte. Deshalb lade ich dich jetzt auch zu unserem Thailänder ein – was sagst du dazu?"

„It's **cool**, man!"

Mein Freund und ich betraten das Restaurant und wurden sogleich von der schönen Anong empfangen.

„Guttn Tack! Wollen heute mal was Neues plobielen?" strahlte sie uns mit ihren schönen Mandelaugen an und verbeugte sich.

„Aber gerne doch, Anong! Was haben Sie denn Neues für uns?" fragte mein Freund.

„Haben heute Lind geblaten süß-sauel aus Soja – kein Fleisch! Schmeckt wie Oliginal! Und Käse geglillt aus Tofu – schmeckt wie Ziege, aber ßaaf!"

„Was denn nun – Ziege oder Schaf?"

„Ziege! Aber ßaaf, ßön ßaaf – aus Tofu! Ohne Lactose, mit Galantie!"

„Lactose ist mir doch egal, Anong! Aber – "
ein nachdenklicher Zug huschte über das Gesicht meines Freundes – so, als hätte er gerade einen rettenden Einfall gehabt. Als könnte es da doch etwas geben, was ihn aus der ungeliebten Außenseiterrolle herauszuholen imstande sei –

„ – was ist denn mit Glutamat, he?"

„Kein Glutamat, galantielt", gurrte Anong und verneigte sich mit zusammengelegten Händen vor ihrer Brust, „kein Glutamat – nur Hefeextlakt."

Nomen est Omen

Beißt der Steinbeißer
in Steine?
Wenn er's tut, hat er bald keine
Zähne mehr in seinem
Mund!
Na und?

Wirft der Scheinwerfer
mit Scheinen?
Wenn er's täte,
gäb's wohl keinen,
der ernsthaft was
dagegen hätte.
Darauf setz' ich
jede Wette!

Halten Büstenhalter
Büsten?
Ja, auch wenn sie
es nicht müssten!
Manchmal aber, wenn es nötig
wäre, werden sie nicht tätig,
selbst bei beachtlichem Gewicht –
als gäbe es
die Schwerkraft nicht.

Trägt der Hosenträger
Hosen?
Natürlich nicht!
Er ***hält*** den losen
Sack, in dem die Beine stecken,
mit dem die Männer sich bedecken –
Hintern, Bäuche gut verpackt.
Er macht's, dass dieser Sack nicht sackt.
Was lernen wir von Strophe vier?
Wer die Hosen ***trägt***, sind ***wir***!

Jagt der Schürzenjäger
Schürzen?
Trägt frau noch Schürzen heutzutage?
Um die Antwort abzukürzen:
Er jagt die **Frau**! Gar keine Frage!

Reiten Wellenreiter
Wellen,
wenn sie sich auf Bretter stellen
und damit übers Wasser gleiten?
Sowas nennt man Wellenreiten?
Zum Reiten braucht's die Pferderücken,
auf ihnen liegt das Glück der Erde.
Ein Ritt vermag uns zu entzücken –
doch wer fragt eigentlich die Pferde . . .

Eins wüsst‘ ich gern zu guter Letzt,
drum stelle ich die Frage jetzt:

Schiffen Binnenschiffer
binnen?
Binnen heißt,
sie schiffen drinnen.
Draußen wär‘ dagegen buten,
dann schifften sie
in Meeresfluten.
Drinnen schiffen sie auf Flüssen,
die sie schiffbar machen müssen.
Auch auf Seen und Kanälen
müssen sie sich schiffend quälen.

Doch drinnen ist man auch ***zu Hause*** –
wo schiffen dort die Schiffersleute?
Im Wannenbad?
Unter der Brause?
Im Swimmingpool?
Genug für heute!

Denn egal, wo man ihn trifft –
entscheidend ist: Der Schiffer schifft!

„Nichts versaut eine
gute Geschichte so sehr,
wie die Ankunft eines Augenzeugen“

Mark Twain

Dienstleistung

Heute Nacht
Sie erwachte von einem leisen, metallischen Kratzgeräusch. Sie hielt die Luft an und lauschte. Neben sich hörte sie ihren Mann leise schnarchen. Draußen blieb alles ruhig. Hatte sie sich getäuscht? Nein, da war es wieder – ein vorsichtiges Kratzen und Klicken an der Wohnungstür.
Wie gehe ich jetzt vor? fragte sie sich. Soll ich aufstehen? Ach nein, das durfte sie ja nicht. Sie war etwas verunsichert. Eine solche Situation war neu für sie – sie hatte so etwas noch nie gemacht. Ihr Herz klopfte so laut, dass sie befürchtete, ihr Mann könne davon aufwachen. Oh Gott, nur das nicht! Was sollte sie ihm dann sagen? Wie sollte sie es ihm erklären?
Draußen war jetzt nichts mehr zu hören. Vorsichtig und behutsam war er wohl, das musste sie ihm lassen. Während sie lauschte, dachte sie daran, wie sie ihn kennengelernt hatte. In der Tageszeitung war ihr eine kuriose Anzeige aufgefallen:

Ich-AG erledigt für dich Arbeiten,
die man selbst erledigen könnte,
aber nicht selbst erledigen kann.
Unverbindliches Angebot unter Chiffre
TS-BZ-MP-02-06-21
Wer klug fragt, kriegt kluge Antworten

Sie war neugierig geworden, und weil ihr seit geraumer Zeit ein Problem wirklich auf der Seele brannte, hatte sie sich unter der Chiffre-Nummer gemeldet und um einen Rückruf gebeten. Die Stimme am Telefon klang sympathisch, und sie vereinbarte ein Treffen mit ihm. Am Telefon, ließ er sie wissen, könne man so sensible Dinge wie seine Angebotspalette und ihre Wünsche nicht besprechen. Also trafen sie sich in einem Café, und bei einem klassischen Kännchen Kaffee – für den neumodischen Schnickschnack wie schmutzige Milch, also Latte macchiato oder, noch weniger italienisch, mit Milch gepanschtem Espresso – hatte er nichts übrig. Sie tasteten sich langsam, Wort für Wort, Satz für Satz, zunehmend bedeutungsschwerer und konkreter, an die Deckungsgleichheit von Angebot seinerseits und Nachfrage ihrerseits heran – bis sie kongruent waren: Sie wollte, dass der alte verschwand, und er wollte dafür sorgen. Sie vereinbarten ein zweites Treffen, bei dem es dann um die Einzelheiten gehen sollte – Vertrag, Termin, Preis und letzte Anweisungen für die Durchführung des Plans.

Und nun lag sie da und lauschte. Heute Nacht sollte es passieren. Da – wieder war da ein Geräusch von metallischem Knirschen und Kratzen. Und dann hörte sie flüsternde Stimmen. Hatte er eine weitere Person mitgebracht? Das war nicht vorgesehen. Leise stand sie auf und schlich aus dem Schlafzimmer in die Diele, obwohl ihr klar war, dass ihr Erscheinen nicht erwünscht war.

Aber irgendetwas lief da anders ab, als sie es vereinbart hatten. Sie musste der Sache auf den Grund gehen . . .

Er erwachte. Da war ein Geräusch, das nicht in seinen Traum passte, ein Geräusch wie das Kratzen von Metall auf Metall. Er atmete ruhig weiter und gab unregelmäßige Schnarchtöne von sich, um seine Frau nicht aufzuwecken, denn er wusste, dass sie merkwürdigerweise aufwachen würde, wenn er aufhörte zu schnorcheln. Er versuchte, über seine eigenen Geräusche die fremden Laute in der Wohnung einzuordnen. War sie zu früh gekommen? Zu dumm, dass er die Uhr nicht sehen konnte. Andererseits: Die heutige Nacht war abgemacht, also würde sie auch pünktlich sein. Er musste jetzt nur abwarten, bis die Aktion durchgezogen war – still liegenbleiben und sich an die Abmachung halten. Neben ihm lag seine Frau in tiefem Schlummer – er vernahm ihre regelmäßigen Atemzüge und hoffte, sie würde auch in der nächsten Viertelstunde nicht aufwachen. Wenn seine Frau mitbekäme, was sich da in ihrer Wohnung abspielte, käme er in erhebliche Erklärungsnöte. Während er angestrengt in die Dunkelheit horchte, fiel ihm ein, wie dieses ganze Abenteuer begonnen und wie er sie kennengelernt hatte. Ihm war vor ein paar Wochen ein seltsam formuliertes Inserat in der Tageszeitung ins Auge gefallen, was augenblicklich sein Interesse geweckt hatte. Dick und fett und unübersehbar hatte die Anzeige ihn angesprungen:

**Power-Woman löst deine Probleme,
bevor du weißt, dass du sie hast –
effizient, sehr diskret und preiswert.
Kontaktaufnahme unter Chiffre-Nummer
MP-TS-BZ-04-04-23**

Wenn die Lady tatsächlich selbst ***die*** Probleme lösen konnte, von denen man selbst noch gar nichts wusste, dann wäre sie wohl die richtige Adresse für ihn, denn er kannte sein Problem sehr genau – und das schon seit geraumer Zeit. Er suchte und fand über die Chiffre-Nummer den Kontakt und sie trafen sich in einer Sekt-Bar im KaDeWe, wo man sich selbst über intimste Dinge in normaler Lautstärke unterhalten konnte, weil man sich ringsherum in einer beständig auf- und abschwellenden Geräuschkulisse befand. Sie entpuppte sich als hübsche, taffe Frau, die sich nach anfänglichem vorsichtigen Abtasten ihres Gegenübers rasch und zielstrebig als das offenbarte, was sie war. So stringent wie ihr Geschmack – keine Kompromisse wie Aperol-Spritz oder Hugo oder sonst irgendein Gemisch, sondern Champagner pur, natürlich auf seine Kosten – war ihr Angebot: Sie würde die alte beseitigen – wie er es sich schon lange wünschte. Bei einem zweiten Treffen wurde der Deal mit Vertrag und Einzelheiten perfekt gemacht.

Und nun lag er da und lauschte. Plötzlich war da wieder ein Geräusch, diesmal vom Fenster. Flüsterte da nicht jemand? Und was geschah nun? Seine Frau stand leise auf und schlich zur Schlafzimmertür. Er geriet in Panik. Waren dort draußen nun zwei Personen am Werk? Was wollte seine Frau in der Wohnung? Hatte sie etwas gehört? Was sollte er tun, verdammt nochmal? Er stand leise auf und schlich seiner Frau hinterher. Vielleicht ließe sich ja doch noch eine Katastrophe abwenden . . .

Ein halbes Jahr früher

Sie hatte es kommen sehen! Als sie sich nach einem BWL-Studium auf die Job-Suche begab, musste sie mit einigem Erstaunen feststellen, dass es mehr BWLer als Angebote gab. Sie hatte die Wahl zwischen Döner-Verkäuferin und Pizza-Botin bei Joey's, als sie sich jedoch nach reiflicher und deshalb etwas länger dauernder Überlegung für die Pizza-Botin entschieden hatte, gab es Joey's nicht mehr. Joey's war nun Domino, und Domino brauchte keine Pizza-Botin. Das wie eine himmlische Verheißung anmutende Angebot eines Start-up-Unternehmens nahm sie deshalb dankbar an, als sie jedoch dort angefangen hatte und den Jung-Dynamiker, der fortan ihr Teamleiter sein würde, kennenlernte, hatte sie gewusst, dass diese Beziehung ob kurz oder lang zu einem wenig erfolgreichen Ende führen würde. Sie hatte es in der Vergangenheit schon häufiger gehört, dass die sexistischen Vorfälle und Übergriffe in Start-ups überdurchschnittlich hoch sein sollten, wollte sich davon jedoch nicht ins Bockshorn jagen lassen. Die anfänglichen Anmachversuche ihres Teamleiters und einiger Kollegen ignorierte sie standhaft, gegen die unnötigen und unangebrachten Körperkontakte versuchte sie sich innerlich und durch deutliche Abwehrbewegungen abzuschotten, aber als ihr Chef bei einem Meeting unter vier Augen in seinem Büro bemerkte, dass sie es in dem Unternehmen weit bringen würde, wenn der Inhalt ihres hübschen Köpfchens ebenso prachtvoll wäre wie der Inhalt ihrer Bluse, kündigte sie und war ohne Beschäftigung und Geld, aber zufrieden mit sich – und ratlos. Mal sehen, dachte sie in der U-Bahn auf dem Weg nach Hause, was ihr Partner dazu sagen würde.

Er hatte mit einer gewissen Bravour sein Philosophiestudium abgeschlossen und festgestellt, dass Taxifahrer mit einer solchen Ausbildung immer gerne eingestellt wurden, wenn ihre Gehaltsforderungen maßvoll und bescheiden blieben, denn es gab derer zahlreiche. Briefträger bei PIN, Fahrer bei der DHL oder Franchisefahrer bei anderen Paketdiensten waren ebenfalls aussichtsreiche Alternativen, aber leider meistens nur befristet für ein Jahr. Da war er als Fahrrad-Kurier doch besser gestellt, zumal er als Medikamentenlieferant für die benachbarte Apotheke einen lukrativen Zweitjob annehmen konnte. Alles in allem war die Situation gar nicht so schlecht – bis man ihm in der letzten Nacht sein Kurier-Fahrrad geklaut hatte und er zu allem Überfluss feststellen musste, dass ein früherer Kommilitone seine

Apotheke davon überzeugt hatte, ihm den Lieferantenjob zu geben – für ein Entgelt knapp unter dem Mindestlohn. Nun denn, dachte er sich, dann geh ich jetzt erst einmal frühstücken und warte auf meine Freundin. Mal sehen, was die dazu sagen würde.

Sie trafen sich im Café Einstein, wie es sich für Akademiker geziemt. Sie hätten sich auch im Hardrock-Café treffen können, wo der Straßenkreuzer von der Decke hängt, weil er entweder keinen Parkplatz gefunden hat oder nicht geklaut oder abgefackelt werden möchte. Man glaubt ja gar nicht, in wieviel Berliner Wohnzimmern die Fahrräder aufgehängt werden. Mit den Autos würde man das eigentlich auch gerne so machen, aber die Treppenhäuser lassen das nicht zu . . .
Sie hätten auch das Starbucks wählen können oder eins von den zahlreichen Dunkin‘ Donuts. Cafés gibt es in Berlin wie Sand am Meer oder wie Currywurst-Buden. Aber sie trafen sich nun mal im Einstein und überlegten, was in ihrer Situation zu tun wäre. Leider gesellte sich Alberts genialer Geist nicht dazu. Es wollte ihnen keine adäquate Idee kommen, wie und womit sie in Zukunft ihr Geld verdienen sollten. Er und Parkhauswärter – überqualifiziert!! Sie und Supermarkt-Regalpflegerin – unterfordert!! Er und oder sie Spargelverkäufer*in – von der Arbeitszeit her nicht uninteressant, aber vom Jahresgehalt her – bringt nix! Und auf einem Erlebnishof von Karl Erdbeeren pflücken? Geht ins Kreuz! Also

was ***dann***? Ein älterer Herr setzte sich an den Nebentisch und begrüßte den dort bereits sitzenden Mann, der wohl ungefähr im gleichen Alter war. Beide fassten dem anderen mit beiden Händen an den Kopf und gaben sich einen schmatzenden Kuss auf die sehr hohe Stirn. Ob er das gesehen hätte, fragte sie ihn. Ja, antwortete er, ich kenne die beiden! Das machen die immer so. Der Ältere ist Architekt, ein ziemlich gefragter Gutachter. Der etwas Jüngere macht irgendwas in Kunst.

Während er seine Freundin leise murmelnd informierte, grüßte er lächelnd zum Nebentisch. Dabei fiel ihm ein, dass der Architekt kürzlich sein Büro aufgegeben und bei der Gelegenheit über die Unmengen von Akten gestöhnt hatte. Tausend Ordner, in die niemand jemals wieder hineinschauen würde, die aber aufgehoben werden mussten, weil das Gesetz es befahl. Warum klaut die keiner? hatte der Architekt ihn gefragt. Es wird so viel eingebrochen – was gäbe ich drum, wenn man bei mir einbrechen und die Akten klauen würde!!

Du!! Ich hab's!! Er ergriff den Arm seiner Freundin und drückte ihn euphorisiert. Wir machen uns selbständig!! Wir klauen auf ***Bestellung***!! Komm, wir gehen – ich erklär's dir unterwegs!! Das ist ***die*** Start-up-Idee des Jahres. Und wir brauchen nicht einmal Startkapital! Und den ersten Kunden haben wir auch schon – wart's ab!!!

Er zog sie mit, grüßte noch einmal zum Nebentisch und hielt sich die zum Telefonhörer geformte rechte Hand ans Ohr. Der Architekt nickte mit fragendem Blick ...

Vier Wochen später

Der Laden lief wie geschmiert. Sie inserierten getrennt, sie arbeiteten getrennt und machten gemeinsame Kasse. Anfangs hatte er mit einem Vertretungsjob als Security-Mann bei einem Supermarkt noch für das notwendige Startkapital und Know-how gesorgt und dabei von seinen Kollegen wertvolle Hinweise erhalten, wie und wo man das nötige Werkzeug bekommen konnte – ohne viele Nachfragen beantworten zu müssen. Währenddessen hatte sie sich an den Entwurf der Vereinbarung gemacht und dabei in vollem Umfang ihre Studienkenntnisse einfließen lassen. Die Vereinbarung sah in groben Zügen vor, dass das Diebesgut – wenn es veräußerbar war – ihnen gehörte, unabhängig vom auszuhandelnden Preis für die erbrachte Dienstleistung. Die Türschlösser zu den Räumen, die heimgesucht werden sollten, durften zum vereinbarten Termin – Tag oder Nacht war verhandelbar – nicht verschlossen und extra gesichert sein und der Polizei musste das Diebesgut als nicht besonders wertvoll beschrieben werden, damit es sich bei der Vielzahl der Einbrüche von vornherein um einen Bagatellfall handelte, der in der Regel zwar dokumentiert, aber nicht weiter verfolgt werden würde. Sie hingegen verpflichteten sich, ihre Einbruchspuren zwar deutlich, aber nicht zerstörerisch zu hinterlassen – ein paar herausgezogene Schubladen, eine Handvoll verstreuter Papiere, ein umgestoßener Kerzenhalter: das war's dann auch schon. Den Vertrag gab es natürlich nur in einer

Ausfertigung, die – vom Kunden unterschrieben – bei ihnen blieb. Der erste Auftrag – besagte Aktenordner aus dem Kellerarchiv des Architekten – wurde reibungslos erledigt, weitere Aufträge folgten und der Rubel rollte. Heikel – und sehr einträglich – war lediglich die „Entfernung“ einer Nobel-Karosse mit Dieselmotor. Dem Besitzer, ein Politiker aus dem Verkehrsministerium, war wegen des Dieselskandals und des daraus resultierenden Wertverlustes allmählich sehr mulmig zumute, und so ein Diebstahl entledigte ihn seines Autos und dessen gruseliger Abgaswerte. Doch so ein Auto war ja keine Bagatelle, aber – wie er ihr in einer äußerst entspannenden Situation nach diesem Coup zärtlich ins Ohr flüsterte – „No risk, no fun!“ Außerdem wurden in Berlin so viele Autos geknackt, da konnte die Polizei nicht hinter jedem Wagen her ermitteln.

Heute Nacht

„Was machst ***du*** denn hier?“ flüsterte er erschrocken.

„Und ***du***? Was hast ***du*** denn hier verloren?“ flüsterte sie ebenso erschrocken zurück.

„Ich mache hier meinen Job, was denkst ***du*** denn?!“ wisperte er.

„Wieso denn ***du***? Das hier ist mein Job! Woher weißt du überhaupt davon?“ wisperte sie zurück.

„Sag mal, hast du sie noch alle? Willst du uns in den Knast bringen?“ raunte er erbost.

„Du bist ja verrückt! Du hast hier nichts verloren! Das ist ***mein*** Auftrag!“ raunte sie erbost zurück.

Sie schlich leise in die Diele, verharrte dort und lauschte angestrengt ins Wohnzimmer. Tatsächlich, da bewegten sich zwei Schatten und flüsterten miteinander.

Er schlich leise in die Diele, verharrte dort und lauschte angestrengt ins Wohnzimmer. Tatsächlich, da bewegten sich zwei Schatten und flüsterten miteinander. Und ein paar Schritte vor ihm stand seine Frau lauschend im Flur. Welch eine absurde Situation. Er streckte den Arm aus und suchte mit der Hand tastend den Lichtschalter. Die Spots flammten auf und tauchten die Diele in ein helles Licht, das bis ins Wohnzimmer hinein erstrahlte.

Sie und er und sie und er standen sich im Karree gegenüber und starrten sich an.
„***Du***?!" – „Wer sind ***Sie*** denn?! – „Du ***auch***?!" – Was wollen ***Sie*** denn hier?!" – „Und wer sind ***Sie***?!" – „Was hat das zu ***bedeuten***?!" – „Warum ***schläfst*** du nicht?!" – „Und warum bist ***du*** aufgestanden?!" – „Kann mir mal einer sagen, was hier überhaupt ***los*** ist?!" – „Das weiß ich doch nicht! Sag ***du's*** mir!" – „Und wie bist ***du*** hier reingekommen?!" – „Das könnte ich ***dich*** fragen."

Zehn Minuten später
„Na denn, Prost!" Sie hob ihr Sektglas und blickte in die Runde. Dem jungen Diebespaar in den schwarzen, enganliegenden Arbeitsanzügen saßen ein Schlafanzug und ein Nachthemd gegenüber und nickten sich zu. Das

Nachthemd wandte sich lächelnd an den Schlafanzug.
„Soso, du wolltest also was stehlen lassen!“
„Du ja wohl auch“, grummelte der zurück, „was wolltest ***du*** denn loswerden?“
Sie machte ein zerknirschtes Gesicht.
„Ich wollte, dass mein Dieb das Bild mit dem balzenden Auerhahn da an der Wand klaut, den uns deine Mutter zur silbernen Hochzeit geschenkt hat. Ich kann diesen alten Ölschinken ***einfach nicht mehr sehen***. Der macht mich krank.“
„Und warum sagst du das nicht? Ich kann den eigentlich auch nicht ausstehen.“
„Ich dachte, du ***magst*** den. Außerdem ist er von deiner Mutter. Was sollte denn ***deine*** Diebin stehlen?“
„Dieses Porzellan-Monstrum da in der Ecke! Die alte Vase von deinem Erbonkel. Ich ***hasse*** die!! Meißen hin oder her! Ein fürchterliches Teil!!“
„Das ist doch kein Meißner Porzellan!! Da kennst du meinen Onkel aber schlecht. Sowas Teures hätte der uns nie geschenkt. Aber ich dachte, wenn er uns mal besucht – wegen der Erbschaft . . . Du hättest doch was sagen können! Aber du sagst ja nichts! Du sagst ja ***nie*** was!! Prost!!“ (*) Sie hob ihr Glas und nahm einen ordentlichen Schluck.
„Gut, dann sag ich jetzt mal was – und zwar zu Ihnen beiden!!“ Der Schlafanzug zeigte auf das Diebespaar. „Warum sprechen Sie nicht Ihre Aufträge ab? Was ist das für eine schludrige Auftragsbuchführung?! So kann

man doch nicht effektiv arbeiten. Wenn Sie beide miteinander gesprochen hätten, wäre das heute Nacht nicht passiert. Dann wäre morgen früh dieser grässliche Ölschinken weg gewesen und in einem Monat die dämliche Vase und meine Frau und ich hätten nicht so blöd voreinander da gestanden."

„Ja, Sie haben Recht", räumte sie ein, „das ist jetzt voll krass danebengegangen. Da müssten wir noch dran arbeiten. Vielleicht brauchten wir jemanden, der das für uns koordiniert."

„Was meinen Sie", er wandte sich an den Schlafanzug, „hätten Sie nicht vielleicht Lust, uns da ein bisschen auf die Sprünge zu helfen . . . ?"

Am nächsten Morgen

Sie erwachten beide zur gleichen Zeit und blickten sich schlaftrunken und verwirrt an – welch ein Traum.

„Du", fragte er, „magst du eigentlich das Bild mit dem Auerhahn leiden?"

„Oh Gott", seufzte sie, „ehrlich gesagt finde ich den Ölschinken von deiner Mutter fürchterlich."

„Und warum ***sagst*** du nichts? Ich finde ihn doch auch schrecklich – wie die große Standvase von deinem Erbonkel, wenn ich das mal so sagen darf."

„***Was***?? Du ***auch***?? Das hättest du doch ***sagen*** können! Warum ***sagst*** du denn nie was?"

„Naja, ich dachte, sie bedeutet dir was . . ."

„Unsinn!! Wenn wir gleich einkaufen gehen, stellen wir

beide Scheußlichkeiten in den Hausflur. Vielleicht hat ja irgendeiner dafür noch Verwendung."

Zwei Stunden später

Sie waren auf dem Weg zum Supermarkt. An der nächsten Kreuzung kam ihnen ein schwarzgekleidetes junges Paar entgegen. Die beiden lächelten ihnen verhalten zu und grüßten mit einem leichten Kopfnicken.

„Sag mal, kennst du die beiden?" fragte sie mit grübelndem Unterton, als das Pärchen vorübergegangen war.

„Nicht das ich wüsste . . . aber irgendwie . . ." – er zögerte nachdenklich – „ . . . irgendwie hab' ich das Gefühl, als hätte ich sie vielleicht schon mal gesehen . . ."

(*) *siehe „Der Eklat" im Buch* ***„nee, echt jetzt?!"***

Sky

Der Alte saß im Wohnzimmer in seinem bequemen Sessel, eine Wolldecke über Schoß und Beine für oder gegen die Gicht – wie man's nimmt – und starrte auf den Bildschirm. Brummend zappte er sich durch die Programme, warf ab und zu einen Blick in die Programmzeitschrift und feuerte endlich die Fernbedienung auf das wolkenweiche Kissen, auf dem seine knotigen Altmännerfüße ruhten. Vom Erdgeschoss drang ein ohrenbetäubender Krach nach oben und wetteiferte mit der Lautstärke des Fernsehers, und auch draußen vor dem Fenster ging es laut, wenn auch melodisch zu.

„Junge!" rief der Alte, **„Junge, komm mal her!"**

Ein bärtiger Mittdreißiger mit langen Haaren betrat den Raum und blickte den Alten irritiert an.

„Oh mein Gott, was ist denn das für ein Radau? Was ist denn da unten los?" stieß er entsetzt hervor. Der Alte winkte resigniert ab.

„Das ist doch immer dasselbe! Seit ich denken kann, ist da unten die Hölle los, und das wird so bis in alle Ewigkeit andauern. Das hör ich schon gar nicht mehr. Aber was anderes: Wo ist deine Mutter?"

„Die ist in der Küche und backt Stollen. Ich hab doch bald Geburtstag, hast du das vergessen?"

„Ääh, nein nein, natürlich nicht .... und was macht ihr Mann? Ist der auch beschäftigt?"

„Na, was meinst du wohl? Wo soll er schon sein? In seiner Werkstatt natürlich. Er schreinert für die Taube gerade einen neuen Verschlag."
Der Alte winkte kopfschüttelnd ab.

„Und du? Was hast du im Moment vor?"

„Nix, Dad. Ich hab Zeit. Warum fragst du?"

„Tu mir den Gefallen und geh mal runter. Sag denen, das kann so nicht weiter gehen. Ich werde ja allmählich wahnsinnig dabei. Das ist eine bodenlose Unverschämtheit! Sowas können die doch mit mir nicht machen! Ich bin so wütend, ich könnte Blitze schleudern! Geh und sag denen das!!"

„Was??!! Ich soll da runter zu den Wahnsinnigen? Nee, vielen Dank! Ich hab doch keine Lust, mich von denen noch mal kreuzigen zu lassen."
Der Alte schüttelte sein Haupt.

„Jesus Christus, du hast mich total falsch verstanden. Du sollst nicht zu den Krawallbrüdern da unten – die sind mir doch völlig schnuppe. Die sollen sich von mir aus doch alle die Köpfe einschlagen. Nein, du kannst für mich zu den Programmdirektoren der öffentlich-rechtlichen Fernsehanstalten gehen und dich darüber beschweren, dass es kaum noch was anderes gibt als Fußball. Ich kann zappen, soviel ich will – immer nur Fußball und andere Sportsendungen und wieder Fußball. Oder Wiederholungen! Ich kann's nicht mehr sehen!!"

Der Junge bedachte den Alten mit einem zweifelnden Blick, verließ den Raum und ging runter ins Erdgeschoss. Der Alte bückte sich ächzend nach der Fernbedienung und zappte wieder drauf los. Dabei grummelte und brummte er zornig in seinen Bart. Nach einer Weile schaltete er den Fernseher aus, blickte auf sein Stundenglas und trommelte mit seinen Fingern auf den Sessellehnen herum.

„Maria, gibt's nicht bald Kaffee?" rief er in Richtung Küche.

„Mein Gott, nun sei doch nicht so ungeduldig. Es ist mal gerade Mitte November. Ein paar Wochen dauert's noch, aber dann gibt's auch ein Stückchen Stollen dazu. Ist das in Ordnung so?"

Der Alte grantelte irgendeine Antwort, die jedoch im Lärm des Erdgeschosses und im melodischen Krach vor dem Fenster unterging. Und dann schlummerte er ein –

„Hey, Dad, ich bin wieder da", weckte ihn der Junge, „und ich habe gute Nachrichten für dich. Mit den Wiederholungen werden wir uns abfinden müssen, haben die von der **ARD** und vom **ZDF** gesagt. Du zahlst ja für die Millionen Fernsehgeräte der Engel trotz Mahnungen auch keine Gebühren an die **GEZ,** hab ich gehört. Aber mit dem Fußball und dem Sport überhaupt ist es bald vorbei. Die **FIFA**, die **UEFA**, das **IOC** und wie sie alle heißen, haben sich gegen die Öffentlich-Rechtlichen entschieden. Das wird bald alles im Sky übertragen. Also reg dich nicht . . . . “

„WAAAS? Im Sky?? Hier im Himmel?? Und da soll ich mich nicht aufregen???“ Der Alte schoss aus seinem Sessel hoch, als gäbe es keine Gicht und keine Arthritis. Er streckte den Arm aus und zeigte mit dem Finger auf den Fernsehapparat.

„Sag den Erzengeln, sie sollen sofort! so-fort alle Glotzen rauswerfen, mein Sohn, und der Petrus soll ganz schnell die Pforte zuschließen und keinen von diesen Fernseh-Fritzen hier hereinlassen. Soweit kommt das noch! Fußball im Sky!! Die Engel sollen lieber Bücher lesen. Lesen bildet!! Und ich höre mir jetzt nur noch die himmlischen Heerscharen vorm Fenster an. Wenn ich dabei einschlafen sollte, weck mich, wenn du Geburtstag hast und deine Mutter endlich den Stollen anschneidet.“

Und so kam es, dass es Anfang Dezember auf der ganzen Welt Fernseher regnete – sehr zum Leidwesen von „Media Markt“ und „Saturn“, denen dadurch das Weihnachtsgeschäft versaut wurde. Ich hab‘ mir auch einen Apparat von der Straße geholt – ich bin doch nicht blöd!

Film ab

„Ich war vorige Woche im Kino! Ein toller Film, kann ich dir sagen! Nur *ein* Schauspieler – hauptsächlich! Da war vielleicht was los. Waaaahnsinnig spannend! Musst du auch sehen!!"
„Wie heißt der denn?"
„Wer? Der Schauspieler?"
„Der Film."
„Weiß ich nicht mehr .. ich kann mir immer so schlecht die Titel merken .... Reizüberflutung, weißt du ....."
„Und der Schauspieler?"
„.... Weiß ich auch nicht mehr ... aber der hat in dem einen Film mitgespielt, wo auch die tolle Schauspielerin zu sehen war ... ein Klassiker ..."
„Wie hieß denn *der* Film?"
„Du, das ist ewig her! Das weiß ich leider nicht mehr. Das war diese tolle Frau, die Amerikanerin. Frag mich bloß nicht, wie die heißt. Aber die hat auch in dem Film mitgespielt, wo der Schauspieler, der in dem bekannten Tanzfilm die Hauptrolle hatte, ihr Mann war."
„Meinst du den Film, wo der Schauspieler getanzt hat, der in dem einen Krimi eine der Hauptrollen hatte?"
„Wie hieß der denn?"
„Der Film? Komm ich gleich drauf."
„Nee, der Schauspieler."
„Warte ... fällt mir gleich ein ..."

„Du meinst aber doch nicht den Stepptänzer, oder? Der hat mit Ginger Rogers getanzt. Den Namen kann ich mir merken. Da muss ich immer an Ginger Ale oder an Roger Rabbit denken . . . wie hieß denn der Tänzer bloß noch mal?“

„Das war . . . warte mal . . . das war doch der, der den Postmann gespielt hat, aber den meine ich nicht. Der hat doch mit dem Wolf getanzt, Alter. Und außerdem war das kein Stepptanz . . . die haben nur in der *Steppe* getanzt. Ich meine den anderen Tänzer aus . . . jetzt hab ich's: Der Film hieß ‚Grease‘. Und der Schauspieler heißt Travolta!“

„Der Postmann? Das war doch der Nicholson, der da die Jessica vö – “

„Wie, der hat mit Ginger getanzt? Der ist doch viel zu jung. Nee, der mit Ginger hieß anders . . . warte mal . . irgendwas mit Fred . . . Fred Astaire, glaube ich.“

„Ja, nein, aber der Travolta war der in dem Krimi!“

„In welchem Krimi? Ich war letzte Woche in keinem Krimi, und schon gar nicht in einem mit John Travolta.“

„Ist schon klar! Aber der Travolta hat damals in dem Krimi einen Killer gespielt – unter der Regie von . . na, du weißt schon – der hat auch ‚Inglourious Basterds‘ gedreht – ha, jetzt weiß ich: Tarantino! ‚Pulp Fiction‘!“

„Und *der* hat jetzt mit *wem* getanzt?“

„Nein, der nicht. Travolta hat mit Olivia Newton-John getanzt. Nein, ich meine einen anderen! Der Schauspieler, den *ich* meine, hat mit Jennifer Grey gespielt.“

„Georg Harrison?“
„Nein, nein, das war doch einer von den Beatles . . . Du meinst *Rex* Harrison. Der hat mit der Audrey Hepburn in dem Musical rumgemacht. Aber den meine ich auch nicht. Ich meine den, der in dem Film mit der Negerin und der tollen Schauspielerin den Geist gespielt hat, nachdem er erschossen worden war.“
„Negerin sagt man nicht!!“
„Mit der Schwarzen dann eben!“
„Sagt man *auch* nicht!! Hast du das nicht mitgekriegt, dass Pippi Langstrumpfs Vater kein Negerkönig mehr sein darf?“
„Aber das steht doch so in Astrid Lindgrens Buch!“
„Das muss alles umgeschrieben werden. Das ist jetzt ein Südseekönig!!“
„Muss ich dann jetzt Südseeküsse essen?? Was soll ich denn nun sagen?“
„Farbige!“
„Also gut: In dem Film spielt die *farbige* Schauspielerin mit, die in dem Musikfilm eine singende Nonne mimt.“
„Und wer tanzt da?“
„Die Nonnen!“
„In meinem Film spielen keine Nonnen mit, nur ein einziger Schauspieler . . .“
„Ja, ich weiß . . . aber der *Geist* in dem Film ist derselbe Schauspieler wie der Tänzer in . . . genau! Das fällt mir jetzt wieder ein: ‚Dirty dancing‘ heißt der.“
„Georg Clooney!!!“

„Nein! Das ist doch der, dem das Klavier auf den Kopf fällt, und der dann als Geist vor Petrus steht und noch mal zurück auf die Erde darf, weil Petrus ihm den Nespresso abluchst. Der tanzt nicht!“
„Whoopi!!“
„Whoopi? Wer ist Whoopi?“
„Whoopi Goldberg! Die ist das Medium, jawohl!! Und der Geist ist der Tänzer aus „Dirty dancing“ – Patrick Swayze ist das.“
„Stimmt! Patrick spielt den Sam! Jetzt hab ich's wieder: ‚Sister Act‘ – mit Whoopi!“
„Und die Frau von dem Geist? Ist das die . . . die Pamela Andersen, die mit den Riesenbrü – ?“
„Nein, du meinst die Rettungsschwimmerin aus der Serie ‚Baywatch‘. Nein, Patricks Frau ist die, die in dem Film ‚Enthüllung‘ dem Michael Douglas ganz gefährlich an die Hose geht . . . die heißt . . . Demi . . . Demi Moore. Jetzt weiß ich's wieder!!“
„Die Schwarze? Die geht dem Douglas an die Wäsche? Das ist doch sonst eigentlich *seine* Spezialität, oder?“
„‚Schwarze‘ soll man doch nicht mehr sagen! Hast du gerade selbst gesagt!“
„Stimmt! Entschuldigung! Also die Farbige? Ich denke, die ist das Medium!? Du bringst mich allmählich ganz durcheinander.“
„Nein, Demi Moore ist weiß. Hast du die denn nicht in dem Film ‚Eine Frage der Ehre‘ mit dem . . . äh . . .Tom Cruise gesehen?“

„Wo Jack Nicholson den durchgeknallten General auf Kuba spielt? Ja, hab ich! Stimmt! Die heißt Demi. Und der Film, in dem der Schauspieler den Millionär spielt, der ihrem Mann eine Million Dollar zahlt für eine Nacht mit ihr, der heißt . . . ja . . ‚Ein unmoralisches Angebot' heißt der. Und der Millionär – das ist der in dem Film."
„In welchem Film??"
„Na, in dem, den ich vorige Woche gesehen habe!"
„Was passiert denn nun eigentlich in dem Film, den du gesehen hast?"
„Eigentlich nichts."
„Und das soll spannend sein?"
„Na ja, also da ist dieser Segler, dessen Boot von einem Container gerammt wird und leck schlägt und das Boot sinkt und das Funkgerät ist im Eimer und dann kommt ein Sturm."
„Wie heißt der Segler denn?"
„Das sagt er nicht! Der sagt eigentlich überhaupt nicht viel. Irgendwann nach vierzig Minuten Kampf mit den Naturgewalten schreit er **‚Fuuuuuck'**, das heißt – "
„Ich weiß, was das heißt!! Aber wie heißt denn nun der Schauspieler??"
„Wenn ich das wüsste . . . aber warte mal, der hat schon mal in einem Film die Hauptrolle gespielt, wo er auch nicht viel gesagt hat . . . nur so geflüstert . . . mit Pferden spielte das . . . "
„Ach so! **Robert Redford**!! Der Pferdeflüsterer!!!"
„Ja, sag ich doch! Der mit dem Wolf tanzt!!!"

„Satire ist eine Art Spiegel:
Wer hineinblickt, sieht im Allgemeinen
das Gesicht eines jeden,
nur nicht das eigene“

Jonathan Swift

Glaubenssache

Vom Osterhasen – wenn man's glaubt –
bekommt man bunte Eier.
Die gehören – als Symbol –
zur Auferstehungsfeier.

Man dreht im Garten und im Park
suchend seine Runden,
und Pfingsten hat man – wenn man's glaubt –
die restlichen gefunden.

Die Sommerzeit ist Mückenzeit,
es wird sich eingerieben!
Zur Herbstzeit ist man – wenn man's glaubt –
vom Stich verschont geblieben.

Sankt Martin folgt. Auf seinem Pferd
kommt er daher geritten,
teilt für den Bettler – wenn man's glaubt –
den Mantel in der Mitten.

Sankt Martin, Luther – ganz egal –
die Gans kann's kaum erwarten.
Sie freut sich lang‘ schon – wenn man's glaubt –
auf sich als Gänsebraten.

Potz Blitz, schon füllt der Nikolaus
die aufgehängten Socken,
denn damit will er – wenn man's glaubt –
zum Artig-sein verlocken.

Knecht Ruprecht ist sein Assistent,
er droht dem Görenpack
und steckt die frechen – wenn man's glaubt –
in seinen großen Sack,

Und haut dann mit der Rute drauf!
Was wär's für ein Vergnügen,
wenn die Schläge – wenn man's glaubt –
mal die Erwachs'nen kriegen . . .

Kaum ist der Nikolaus vorbei,
saust schon der Weihnachtsmann
mit seinem Schlitten – wenn man's glaubt –
und Rudi Rentier an.

Drum schmücken wir den Tannenbaum
für uns're Weihnachtsfeier,
und bei den Kugeln finden wir –
die letzten Ostereier.

Grillen

Die diesjährige Grillsaison ist in vollem Gange – da ist es höchste Zeit, sich dieser den Globus umspannenden Methode der Fleischverbrennung einmal wissenschaftlich zu nähern.
Das Grillen, also das meistens über offener Flamme stattfindende Garen von Fleisch, seltener von Fisch und Meeresfrüchten und neuerdings auch von Gemüse, hat der *homo erectus* vor ungefähr zwei Millionen Jahren erfunden. Die neueste Forschung geht davon aus, dass im Bereich des heutigen Libyen oder Algerien – da sind sich die Wissenschaftler nicht ganz einig – bei einem Blitzschlag ein Baum Feuer gefangen hat. Ein des Weges kommender *homo erectus* hat mit der ihm angeborenen Neugier dieses flackernde Licht mit dem Zeigefinger berührt, um es näher zu untersuchen. Als der Finger eine knusprige Oberfläche aufwies und vom *homo erectus* in den Mund gesteckt wurde, bemerkte er zu seiner Überraschung, dass der Finger in diesem Zustand wesentlich besser schmeckte als vorher. Da es sich aber auf die Dauer bei nur zehn Fingern, die ihm zur Verfügung standen, als wenig effektiv erwies, die eigenen Gliedmaßen zu grillen, verfiel der *homo erectus* auf die Idee, stattdessen andere Lebewesen – vornehmlich Vierbeiner – erst zu töten und dann häppchenweise auf den Spieß zu stecken. Bei geringer Jagdbeute landeten

allerdings auch schon mal Nachbarn oder missliebige Stammesangehörige auf dem Grill – eine Unsitte, die sich im Großen und Ganzen aber nicht durchgesetzt hat. Im Laufe der Jahrtausende erlebte das Grillen unter dem *homo erectus* im nordafrikanischen Gürtel einen gewaltigen Aufschwung bis hin zur nahezu industriellen Herstellung von Holzkohle, die der *homo erectus* bis nach Asien und Europa exportierte – Handelsrouten, die man in früheren Forschungsergebnissen als Wanderung dieser Spezies gedeutet hat. Die Folgen dieser über viele Jahrtausende erfolgten Rodung der nordafrikanischen Wälder zwecks Verarbeitung zur Grillkohle sieht man heute, wenn man sich die Ausdehnung der Sahara betrachtet . . .

Die Nachfahren des *homo erectus* in Europa, die sich parallel zueinander bildenden *homo sapiens* und *homo neanderthalensis*, besser als Neandertaler bekannt, entwickelten das Grillen weiter und brachten es im Laufe der Jahrtausende zu seiner heutigen Blüte. Zum Beispiel war es beim *homo erectus* bis zu seinem Aussterben üblich, dass er das Grillgut einfach nur in die glühende Holzkohle warf und mit den Fingern wendete. Diese Methode machte das Grillen sowohl zu einem sehr kurzen als auch sehr schmerzhaften Vorgang, da einerseits das Grillgut und andererseits die beteiligten Daumen und Zeigefinger sehr schnell verbrannten. Kein Wunder also, dass sich diese Art über die Jahrtausende nicht durchsetzen konnte. Dem Verfasser dieses

Berichts ist nur ein einziger Fall bekannt, bei dem ein Ureinwohner eines abgelegenen Südtiroler Dolomitentals rote, grüne und gelbe Paprikastücke auf dem Grill mit Daumen und Zeigefinger der rechten Hand solange wendete, bis das Gemüse und seine Wendewerkzeuge schwarz waren. Ob sich in diesem Tal der *homo erectus* in direkter Linie erhalten hat, ist zur Zeit Gegenstand wissenschaftlicher Untersuchungen.

Sowohl der *homo sapiens* als auch der *homo neanderthalensis* verfeinerten die Grillmethode im Laufe der Jahrtausende. Neuere Untersuchungen von Höhlenmalereien belegen, dass beide das Grillgut schon mit primitiven Zangen wendeten – zunächst auf heißen Steinen, dann auf Grillrosten aus Rippenknochen größerer Tiere, die aber keine lange Lebensdauer hatten und deshalb bis zum Beginn des Metallzeitalters häufig erneuert werden mussten. Außerdem fand man jüngst heraus, dass der *homo sapiens* und der *homo neanderthalensis* gegrilltes Fleisch als Liebesgabe einzusetzen wussten. Hatte der männliche *homo* das Weibchen mittels seiner Keule davon überzeugt, seine Einladung zur Grillparty in seiner Höhle anzunehmen, warf er saftige Mammutkoteletts auf den Holzkohlengrill. Während das Fleisch allmählich verkohlte, wurde sich gepaart, denn schon damals galt die Erkenntnis: Ein voller Bauch kopuliert nicht gern. Dieser Spruch wurde im Laufe der Jahrtausende abgewandelt, in dem man das Kopulieren durch das Studieren ersetzte – ein untrügliches Zeichen für die im Zuge der Evolution erfolgte Zunahme des Hirnvolumens. Bestand in der Frühzeit der Menschheit das Leben aus Nahrungsaufnahme, Schlafen und triebhaftem Fort*pflanzen*, kam im Laufe der Zeit auch noch die Lust auf eine fundierte Fort*bildung* hinzu, während gleichzeitig bei der Paarung der Spaßfaktor den Fortpflanzungsgedanken überlagerte. In den späten sechziger und frühen siebziger Jahren des letzten Jahrhunderts entstand in Teilen der Studentenschaft eine Bewegung auf der Grundlage der Überzeugung, dass Kopulieren über Studieren ginge, was aber mit dem Grillen überhaupt nichts zu tun hat und deshalb auch nicht weiter betrachtet werden soll.

Zurück zu den Einladungsritualen und den anschließenden Dinner-Gewohnheiten: Im Laufe der Zeit hat sich erfreulicherweise die Einladung des Weibchens zum Grillen und Paaren mittels Keule nicht durchsetzen können. Außerdem gibt es im Bereich des heutigen Saarlandes eine bemerkenswerte Besonderheit. Der *homo sapiens* im Saarland bevorzugt seit Urzeiten eine andere Reihenfolge des Genießens. Die Paarung an der Saar findet seit jeher *nach* dem Grillen statt, denn dort heißt es bis heute: **„Hauptsach gutt gess – geschafft hann mir schnell!“** . . .

Die vom *homo erectus* praktizierte Urform des Grillens mittels eines Stockes, mit dem das aufgespießte Fleisch ins Feuer gehalten wird, kommt bei einer ganz besonderen Spezies bis heute zur Anwendung. Weltumspan-

nend treffen sich zu bestimmten Zeiten, meistens im Sommer, kurzbehoste und -bekleidete, uniformierte Jugendliche mit älteren Alphamännchen und -weibchen, um in Zelten zu schlafen. Bei diesem häufig von Gesang und Gitarrenmusik begleiteten Ritual wird abends ein Brotteigklumpen um einen Stock gewickelt und ins Lagerfeuer gehalten, bis entweder der Teig schwarz ist oder der Stock Feuer fängt und der Teig brennend in die Glut fällt. Diese Spezies wird von der Wissenschaft *homo pfadfinderensis* genannt und stirbt offenbar trotz mangelnder Ernährung (siehe verbranntes und somit ungenießbares Stockbrot) nicht aus.
Betrachten wir das durch die Evolution des Grillens bis heute Erreichte: Der Vorgang selbst, also das Verändern des rohen in einen garen Zustand von Fleisch, seltener von Fisch und Meeresfrüchten und neuerdings auch von Gemüse, hat sich im Laufe der Jahrtausende kaum verändert. Der rohe Zustand des Grillgutes ist dabei eindeutig definiert, der gare Zustand hingegen weist eine sehr große Bandbreite auf. Er reicht von ‚fast roh' über ‚medium', ‚gut durch' und ‚furztrocken' bis ‚verkohlt' – abhängig von der Temperatur der Energiequelle, der Dauer des Grill-Aktes und der Aufmerksamkeit des Grillers. Wenn das Grillgut *auf* dem Rost die Konsistenz und das Aussehen der Kohle *unter* dem Rost erreicht hat, gilt die Grillparty allgemein als gescheitert. Dann hilft nur noch der Pizza-Service.
Die Gerätschaften allerdings haben sich rasant weiter-

entwickelt und bedürfen einer genaueren Betrachtung. Es gibt den Einmal-Grill, der nach Gebrauch in großer Stückzahl an jedem Montag in jedem Park auf jeder Wiese zu besichtigen ist. Ferner findet man im Angebot den kleinen gusseisernen, tragbaren Koffergrill, dessen Standort man an einer verbrannten Rasenfläche erkennen kann. Diese Variante wird auch sehr gerne auf Balkonen entzündet und bietet auch den Nachbarn einen Grillgenuss, der allerdings nur aus Rauchschwaden und aus Gerüchen besteht, sofern sie nicht eingeladen wurden. Es gibt den Standgrill auf Edelstahlfuß mit integriertem Belüftungsschieber und den rollbaren Kugelgrill mit Haube, der eine wohlige Rundumhitze erzeugt und der besonders beim Grillen im Regen von großem Vorteil ist. Die vorgenannten Grills werden samt und sonders mit Holzkohle befeuert, für die der Wald im beklagenswerten Verhältnis eins zu sechs herhalten muss. An dieser Stelle zerreißt es die den deutschen Wald liebenden Deutschen und trübt ein wenig ihre archaische Grilllust. Um dem gesundheitsabträglichen Direktkontakt mit der Flamme zu entgehen, ist bei den Holzkohlegrills der Einsatz von Aluminiumschalen mit Fettauffangrillen gebräuchlich, die jedoch bei Grillern zu wahren Glaubenskriegen führen. Davon konnte der *homo erectus* nur träumen.

Profis grillen seit geraumer Zeit allerdings innovativer. Dazu stehen Elektrogrills und Gasgrills bereit, deren Benutzung mindestens einen dreiwöchigen Abendkurs

bei einer Grill-Akademie voraussetzt. Notfalls tut es auch ein Einführungskurs bei einem Grill-Seminar, der sich seit Jahren als Geburtstags- oder Weihnachtsgeschenk etabliert hat. Dieser Crash-Kurs befähigt den Griller aber leider nur zum Grillen von Bratwürsten und Nackenkoteletts – die Basis einer Grillparty.
Die zur Verfügung stehenden Modelle sind in allen Preisklassen zu bekommen und somit für jeden Geldbeutel erschwinglich. Wer aber wirklich etwas auf sich hält, der kauft sich den Rolls Royce unter den Gasgrills: Den SUMMIT S-670 GBS aus Edelstahl mit 6 Edelstahlbrennern, Edelstahl-Grillrost + Aromaschienen, Seitenkocher, Grifflichtern, Drehspießbeleuchtung und Infrarotbrenner. Der Preis liegt bei 4.999,00 €, der Versand erfolgt kostenlos. Und wer noch 499,00 € drauflegt, erhält dafür ein integriertes GPS-gesteuertes Navigationssystem, was es dem Griller ermöglicht, den Grill in seinem Garten zu bewegen, ohne sich zu verfahren. Diese Investition lohnt sich aber erst bei einer Gartengröße von mindestens 1000 Quadratmetern.

Alle die beschriebenen Modelle – vom Einmal-Grill bis zur fahrbaren Edelstahlausführung – haben aber eins gemeinsam: Sie werden alle nur vom Männchen des *homo sapiens* bedient. Das hat sich seit Jahrtausenden nicht geändert. Der *homo sapiens* würde eher sein Weibchen ans Steuer seines Autos lassen, als ihm seinen Grill zu überlassen. Mag er in der Küche auch der

letzte Versager sein, mag sein Weibchen kochen wie eine Göttin – an den Grill darf es nicht. Grillen ist Männersache – der gendergerechte Begriff *,Griller*in'* ist daher gänzlich unangebracht.
Der Verfasser dieses Berichts gesteht an dieser Stelle, dass er nicht grillen kann und deshalb auch nicht grillen will. Er geriet darob vor einiger Zeit in eine Identitätskrise und fragte sich, ob er überhaupt ein Mann sei. Eine Präsentation seiner nackten Person vor dem Ganzkörperspiegel ließ darauf schließen, dass er der maskulinen Gattung des *homo sapiens* angehört. Eine Befragung seiner Frau bestätigte seine Vermutung. Sie bemerkte allerdings etwas ratlos und irritiert, es sei schon recht sonderbar, dass er nicht grillen könne und wolle. Es liegt wohl ein genetischer Defekt vor. Auch sein Vater, seine Großväter mütterlicher- und väterlicherseits und sein Onkel grillten nicht.
Die Evolution ist auch nicht mehr das, was sie mal war!

Wahlkrampf

Michel Deutsch wählt diesmal rechts,
er denkt, das kann man mal riskieren.
Rechts zu wählen ist nichts Schlecht's –
was kann dabei schon viel passieren?

Das, was die sagen, klingt doch gut,
das muss man doch noch sagen können.
Als Deutscher spürt man eine Wut,
wenn uns Migranten überrennen.

Sicher, einige verbreiten
mit ihren völkischen Tiraden
Hass, doch das sind Minderheiten –
das verursacht keinen Schaden!

Michel Deutsch sagt es ganz ehrlich:
er hat nichts gegen Asylanten,
doch wenn die bleiben, wird's gefährlich –
die holen Kinder, Onkel, Tanten,

Schwestern, Brüder, Nichten, Neffen
und rauben uns die Arbeitsplätze,
und wenn sie deutsche Frauen treffen –
(nein, das ist doch keine *Hetze*)

kann wer weiß nicht was passieren!
Es muss sich deutscher Volkszorn regen
und entschieden reagieren!
Man muss doch etwas *tun* dagegen!!

Darum will Michel mal zum Heil
die Stimme jetzt den Rechten geben.
Michel wählt die Rechten, weil –
wart's ab, wir werden was erleben . . .

Das Interview

Guten Abend, Herr Minister!
Na gut, guten Abend, Frau Schlomka.
Slomka! Herr Minister, wir stehen vor einer Wahl, und die Bürger des Landes –
Na gut, irgendeine Wahl ischt immer, Frau Schlomka!
Slomka – fragen sich natürlich: Was unterscheidet Ihre Partei von der Opposition, die ja eigentlich im Moment noch gar keine ist, da sie sich ja zur Zeit mit Ihrer Partei in einer großen Koalition befindet?
Na gut, die Sache ischt doch die, dass die Bürger ***und Bürgerinnen*** *unseres Landes jetscht gerade vor einer Wahl schtehen und sich entscheiden müssen, ob sie der Regierungspartei ihr Vertrauen oder ihr Mischtrauen schenken!*
Ja, aber die Frage war, was Ihre Partei von der Opposition unterscheidet, wo doch beide Parteien in der letzten Legislaturperiode sozusagen an einem Strang –
Na gut, die letschte Legislaturperiode hat den ***Wählerinnen*** *und Wählern gezeigt, dass meine Partei mit der Opposition, die ja noch in der Regierungsverantwortung ischt, an einem Schtrang gezogen hat.*
Ja, schon, aber warum sollte sich der Wähler denn nun für **Ihre** Partei entscheiden? Was wollen Sie den Wählern sagen?
Na gut, meine Partei hat den Wählern ***und Wählerin-***

***nen** immer gesagt, dass es einen Volksentscheid mit uns nicht geben wird, ebenso wenig, wie es die Maut geben wird und auch die Obergrenze, obwohl die von der Schweschterpartei immer wieder gefordert wird. Das ischt und bleibt unantaschtbar.*

Sie erwähnen gerade die Maut, Herr Minister. Die ist aber doch inzwischen beschlossene Sache?!

Na gut, die Maut ischt ein gefühlter Sieg des Verkehrsminischters, die gibt es eigentlich gar nicht, jedenfalls nicht mit uns.

Ja, aber was ist denn nun Ihr Programm??

*Na gut, da gibt es eine lange Lischte von Dingen, die wir den **Bürgerinnen** und Bürgern in der näkschten Legislaturperiode verschprechen. So wollen wir zum Beischpiel den koschtenlosen Bruschtwickel für alle Neugeborenen auf Koschten der Krankenkassen einführen. Außerdem ist ein koschtenloser Tescht des Taschtsinns aller Senioren über siebzig Jahren geplant. Ferner haben wir uns fescht vorgenommen, aus dem Ausschtieg auszuschteigen. Die Lischte ließe sich noch beliebig fortsetzen, aber dazu reichten die Tageschthemen nicht aus. Mit uns – wenn Sie mir das geschtatten – ischt die Zukunft Deutschlands jedenfalls gefeschtigt.*

Heute-Journal! Ja, aber Herr Minister, abgesehen davon, dass ich das alles auch im Wahlprogramm der Oppositionspartei, die im Moment ja noch gar keine richtige Oppositionspartei ist, weil sie ja noch mit Ihnen die Regierung bildet, gelesen habe – wer soll das denn alles

bezahlen? Bleibt der Steuerzahler schlussendlich wieder darauf sitzen?
Na gut, ich versichere Ihnen als Finanzminischter, dass die Finanzierung völlig abgesichert ischt. Das hat mir auch vorhin noch das Juschtizminischterium versichert. Der Schteuerzahler ischt da raus, Frau Schlomka.
Slomka! Herr Minister, die Opposition, die zur Zeit noch in der Regierungsverantwortung steht, fordert mehr Investitionen. So sollen alle Tische und Stühle in Deutschland ein fünftes Bein bekommen, damit die holzverarbeitende Industrie wieder auf die Füße kommt. Den Linken reicht nicht mal **das**. Die wollen sogar sechs Beine! Die Grünen hingegen möchten, dass alle Tische und Stühle abgerüstet werden und nur noch **ein** Bein haben – wir sollen auf Melkschemeln sitzen. Naturschutz!! Wie steht Ihre Partei dazu?
Na gut, die einen wollen aufrüschten, die anderen abrüschten. Wir sagen: Deutschland und Europa brauchen vor allem Schtabilität. Und die erreichen wir nur durch Schtühle und Tische mit drei Beinen. Auf drei Beinen wackelt nichts. Das ist Abrüschtung mit Augenmaß. Die rechte Alternative fordert, dass alles so bleibt, wie es ischt und die Schtühle und Tische vier Beine behalten. Ein deutscher Tisch hat vier Beine zu haben!! Nein, mit ***solchen*** *Parolen kann man die Bürger* ***und Bürgerinnen*** *nicht auschtricksen. Denn was kommt dann als näkschtes? Was* ***deutsch*** *ischt, das wissen wir und unsere Schweschterpartei wohl noch am beschten.*

Gibt es sonst noch irgendetwas, was für die Entscheidung des Wählers, wohin er sein Kreuz setzen soll, von Bedeutung wäre, Herr Minister?
*Na gut, unsere Partei beabsiktigt, allen **Wählerinnen** und Wählern drei Kischten Obscht pro Halbjahr koschtenlos – ich wiederhole: koschtenlos zur Verfügung zu schtellen. Das Motto aus vergangenen Tagen muss wieder lauten: Escht mehr Obscht!*
Bezahlt das auch der Steuerzahler??
Na gut, das bezahlt die Europäische Union. Die kauft mit einem erweiterten Hilfsprogramm in Griechenland, Italien, Portugal und Spanien das Obscht und schtellt es Deutschland dann kischtenweise zur Verfügung.
Warum sollte die EU denn **so etwas** tun, Herr Minister?
Na gut, damit wird erreicht, dass die südlichen Mitgliedsschtaaten für die seit Jahren fließenden Hilfsgelder eine Gegenleischtung erbringen.
Und die EU **schenkt** Deutschland dann die Obstkisten? Haben unsere Zuschauer das **richtig** verstanden?
Na gut, Deutschland als der gröschte Nettozahler der EU bekommt das Obscht natürlich nicht geschenkt. Das müssen wir der EU schon bezahlen.
Also bezahlt es **doch** der Steuerzahler??!!
*Na gut, Frau Schlomka, sie sollten mir aber nun nicht das Wort im Mund herumdrehen. Wichtig ischt doch, dass jede **Wählerin** und jeder Wähler pro Halbjahr drei Kischten Obscht bekommen, das ischt im Monat eine halbe Kischte. Bei einer vierköpfigen Familie ischt das*

eine Kischte pro Monat oder eine viertel Kischte pro Woche –
Und die Kinder, Herr Minister?!
Na gut, Sie glauben doch nicht im Ernscht, dass Kinder Obscht essen, Frau Schlomka!
Slomka! Der Kanzlerkandidat und Herausforderer, der Herr aus Wür –
Na gut, ich weiß, woher der Kanzlerkandidat der Oppositionspartei kommt, ich bin ja nicht von geschtern.
Also, der Kanzlerkandidat der Opposition, die im Moment ja eigentlich noch keine ist, hat den Wählern **Gemüse**kisten versprochen – drei Stück pro **Vierteljahr**. Das klingt doch deutlich nach einer Kampfansage.
Na gut, papperlapapp! Gemüse gegen Obscht! Sie können getroscht davon ausgehen, dass die ***Wählerinnen*** *und Wähler sehr genau zwischen Obscht und Gemüse unterscheiden werden.*
Ich danke Ihnen für das Gespräch, Herr Minister.
Na gut, auf Wiedersehen, Frau Slomka.
Schlomka! Auf Wiedersehen, Herr Minischter . . ääh – Verzeihung! – Meine Damen und Herren, das Gespräch haben wir am frühen Abend aufgezeichnet. Weitere Nachrichten nun mit Heinz . . .

„Satire ist streicheln mit einem Florett“

Henri Tisot

Sommerloch

„Wozu hättest du heute Abend Lust?“ fragte meine Frau und blätterte in der Programmzeitschrift, „was würdest du gerne sehen?“

Nun, wozu ich wirklich Lust hätte, wagte ich nicht zu artikulieren – einmal um den Block und bei „Stella am See“ im Park einen dicken Eisbecher mit Sahne . . . und meiner Frau dabei zusehen, wie sie selbst auch einen dicken Eisbecher mit Sahne . . . aber lassen wir das. Morgen früh würde ich beim Betreten der Waage wehmütigen Blickes die rasant hochschnellende Digitalanzeige beobachten und mich einen charakterschwachen Gourmand schimpfen, wo ich doch einen gewissen Ruf als Gourmet zu verlieren habe. Ich beschränkte die Frage also auf den Inhalt, den meine Frau ihr zugedacht hatte – auf das allabendliche Fernsehprogramm.

„Was gibt es denn?“ fragte ich zurück.

„Wiederholungen – wie immer im Sommer. Du weißt doch, dass sich Politiker und Programmdirektoren im Juni, Juli und August gerne im Sommerloch verstecken. Also – was ich dir anbieten kann, wäre ein Tatort mit Thiel und Boerne von 2014 oder einen Taunus-Krimi von 2015.“

„Haben wir die denn damals nicht gesehen?“

„Wir haben ***alle*** Tatorte aus Münster gesehen – und den Taunus-Krimi auch! Alle!“

„Ist denn was Gescheites bei den Privaten?“ fragte ich wenig hoffnungsvoll.
„Geh mir weg!! Gar nichts! Außerdem nervt mich die dauernde Werbung mittendrin.“
„Ja, und nun?“
„Wir könnten doch – “
Ja, bei „Stella am See“ ein dickes Eis mit Sahne –
„ – ein bisschen was lesen. Und dann schauen wir uns um 21 Uhr 45 die Talk-Show mit Anne Will an“, schlug meine Frau vor. Na ja, dachte ich, Anne Will ist zwar nicht mit einem dicken Eisbecher mit Sahne zu vergleichen, aber gut. Lesen wir ein bisschen was und schauen uns dann die Talkshow an . . . Das wird ja wohl ***keine*** Wiederholung sein . . .
Nun, wir saßen also auf der Loggia, tranken ein Glas Wein und lasen. Allmählich schwand das Tageslicht und die Mauersegler mit ihm, die unermüdlich musikalische Amsel flog zu ihrem Schlafbaum, ‚Stella am See‘ hatte jetzt wohl auch schon geschlossen und die ersten Fledermäuse flatterten torkelnd wie Highspeed-Schmetterlinge durch die Dämmerung. Wir klappten unsere Lektüre zu, gingen ins Wohnzimmer und schalteten den Fernseher an. Anne Will und der G20-Gipfel, mit Olaf Scholz – „sieht der nicht ziemlich zerknirscht aus?“ – wieder einmal Peter Altmaier – „sag mal, hat der abgenommen? Der hat doch abgenommen, oder?!“ – Katrin Göring-Eckardt – „Was hat die denn heute an? Die Farbe steht ihr ja überhaupt nicht!“ – der Journalist

Georg Restle von ‚Monitor' und der ehemalige amerikanische Botschafter John Kornblum – „der ist ja auch schon wieder dabei, hat der nichts Besseres zu tun?" – „Du, der Kornblum erinnert mich immer an den Schauspieler . . . wie heißt der noch – der hat in ‚Spartacus' mitgespielt . . . " – „Meinst du Kirk Douglas? Der sieht doch nicht aus wie Kirk Douglas!!" – „Nein, ich meine den Engländer, der den Verteidiger in dem Film ‚Zeugin der Anklage' mit Marlene Dietrich gespielt hat – Charles Laughton." – „Du lieber Gott, das ist ja hundert Jahre her – aber du hast Recht. Der sieht dem tatsächlich ähnlich."

Und dann ging's los: G20 – Sinn oder Unsinn, Polizeiversagen, friedliche Demonstrationen, Rote Flora, Politikverdrossenheit, Schwarzer Block . . .

Und dann wurde es schwarz – nein, blau! Eine Tafel mit der ARD-Axt, dem Wort ‚**Störung**' und dem Begleittext ‚Bitte entschuldigen Sie die Störung. Es geht gleich weiter' – unterlegt mit einer Musikschleife, die ausgesprochen beruhigend und einschläfernd wirkte.

„Oha, ob der schwarze Block den NDR gestürmt hat? Wann hatten wir denn zum letzten Mal eine Störung?"

Meine Frau winkte ab.

„Das wird schon gleich wieder, pass mal auf!"

Aber es wurde nicht.

„Guck mal", sagte ich zu ihr, „das ist das blaue Sommerloch. Das funktioniert so ähnlich wie die schwarzen Löcher im All, die alles in sich aufsaugen. Ich vermute, dass dieses Loch im Sommer alle Programmdirektoren verschlingt. Sieht gar nicht so gefährlich aus – wie lang mag die Störung wohl noch dauern?“

Es dauerte!

„Weißt du noch? Früher? Als es nur ein Programm gab? Wenn es hieß ‚Wir schalten um nach Hamburg‘ – wie lange *das* immer gedauert hat?“ erinnerte sich meine Frau mit wehmütigem Lächeln. „Das waren noch Zeiten – alles in schwarz-weiß.“

Wenn Sätze mit „Weißt du noch?“ beginnen, wird es grundsätzlich immer sentimental-gemütlich. Das können sich junge Leute überhaupt nicht vorstellen. Um diesen Fragesatz zu formulieren, um damit sozusagen die Schleusen der Erinnerung an ‚Früher‘ zu öffnen, muss man schon ein gewisses Alter erreicht haben. Wir haben das, und wenn wir erst einmal anfangen, uns zu erinnern, gibt's kein Halten mehr. Die Quintessenz der Reise in die Vergangenheit ist meistens die nostalgisch verbrämte Feststellung, dass früher alles besser war. Das stimmt zwar nicht, aber trotzdem . . .

„Weißt du noch? Die Augsburger Puppenkiste? Fiete Appelschnut mit Bello?“ – „Aber klar doch! Ich habe mich immer totgelacht über die wackeligen Zuckungen der Figuren! Und Fury! Weißt du noch? Joey fragte immer: ‚Na Fury, wie wär's mit einem kleinen Ausritt, hast du Lust?‘“ Bei dem Wort ‚Lust‘ fiel mir prompt wieder ‚Stella am See‘ und der dicke Eisbecher mit Sahne ein, aber – lassen wir das.

„Klar, weiß ich! Kennst du denn noch den Schäferhund Rin Tin Tin?“ – „Nein, an den kann ich mich nicht erinnern. Aber später – Willy Millowitsch – Millowitsch-Theater. Zum Schießen!!“ – „Ja, und dann das Ohnsorg-Theater mit Heidi Kabel und ... wie hieß der Alte noch? Dieses Schlitzohr?“ – „Henry Vahl war das! Du, sieh mal, die Störung ist immer noch nicht vorbei. Das ist ja ungewöhnlich – kannst du das Bild nicht aufnehmen?“ Was für eine verrückte Idee! Aber gut – sehr gut!
„Erinnerst du dich noch an die Life-Übertragungen aus dem Harz? Im Winter? Wildfütterung im Harz! Schneeweißes Feld, schwarzer Waldrand, keine Hirsche, keine Rehe! Wir haben stundenlang auf den Bildschirm gestarrt, und manchmal brüllte einer von uns: **Da! Da war einer! Da hat sich was bewegt!!** Weißt du noch?“ – „Ja, und der Förster hat immer mit einem Blecheimer voller Kastanien gerappelt und gerufen: ‚Nuu kooomm, nuu kooomm‘...“
Als hätte Anne Will es gehört, war sie plötzlich nach einer gefühlten Ewigkeit wieder da und entschuldigte sich für die Panne. Aber wen juckte das noch?
„Komm, Liebling, schalte doch einfach auf Video und spiel‘ noch mal das blaue Sommerloch ab. Wir erzählen uns noch ein bisschen von früher ...“
Und so sitzen wir also abends, wenn es mal wieder Wiederholungen gibt – also nahezu jeden Abend – vor dem Störungsbild und schwelgen in Nostalgie.
Früher war eben alles besser ...

„Wer wirklich Humor will,
muss lieben, was er verspottet“

Nikolaus von Festenberg

Wellness

„Wo ist denn meine Leberwurst?“ fragte mein Freund sein Ehegespons und blickte suchend über den Frühstückstisch.
„Im Kühlschrank – wie der Schinken und der Käse“, antwortete sie.
„Und was ist das hier? Du weißt doch, dass ich keinen Quark und keine Gurkenscheiben mag“, nörgelte er zurück und schob beide Teller weit von sich.
„Das sollst du ja auch nicht essen. Das ist deine Gesichtsmaske!“
„Meine ***was***???“
„Dei-ne-Ge-sichts-mas-ke“, wiederholte seine Frau geduldig, „hier, guck mal, das musst du dir *so* ins Gesicht tun.“ Und sie schmierte sich den Quark auf die Stirn, die Wangen, das Kinn und den Hals.
„Und dann packst du dir die Gurkenscheiben darauf“, ergänzte sie und tat also!
„Und warum??“ Mein Freund blickte entgeistert in das Gesicht seiner Frau, was sich in Sekundenschnelle bis zur Unkenntlichkeit verändert hatte.
„Wir werden älter, mein Lieber, und du wirst mir allmählich zu knitterig. Dagegen hilft so eine Maske. Das haben sie uns beim Wellness-Wochenende gezeigt, als ich mit unserer Tochter dort war.“
Der Hinweis auf seine Knitter schmerzte ihn ein wenig,

aber er musste sich eingestehen, dass seine Frau damit nicht ganz Unrecht hatte. Auch ihm war in der letzten Zeit aufgefallen, dass er beim Rasieren seine Gesichtshaut immer intensiver nach allen Seiten straffen musste, um sich bartwurzeltief zu glätten, und wenn er seinen Schlupflidern entgegen wirken wollte, war er gezwungen, seine Stirn unablässig in Denkerfalten zu legen. Die sah dann allerdings aus wie ein Waschbrett, und außerdem war es sehr anstrengend, länger als eine Viertelstunde so intellektuell wie Cem Özdemir auszusehen.
„Und was soll ich nun zum Frühstück essen?"
„Das hier!" Sie hielt ihm eine Möhre entgegen und wedelte damit vor seinem Gesicht. „Das entschlackt, mein Liebling. Du musst überhaupt einmal alles abstreifen – innerlich und äußerlich. Lass mal alles fallen und hängen. Einfach mal loslassen. Du wirst sehen, wie gut dir das tut. Bevor ich dir die Maske machst, ziehst du dich jetzt mal aus."
„Ich soll am hellichten Tag nackt in der Wohnung rumlaufen – mit einer Gurkenmaske?? Und wenn jetzt einer kommt??"
„Nun sei doch nicht so schamhaft. Das gehört beim Wellness dazu. In dem Hotel in Bad Dingeskirchen sind mir im Fahrstuhl und auf den Fluren andauernd nackte ältere Herren begegnet. Du kannst doch in deinen Kaftan schlüpfen, den du dir in unserem letzten Marokko-Urlaub gekauft hast. Mach dich doch mal frei von allem – alles mal abstreifen!"

„Na, da schau her, nackte Männer im Aufzug – und das erfahre ich jetzt mal so eben nebenbei."
Nun gut, bei 32 Grad Außentemperatur ließe sich das mit dem Kaftan machen. Nur das mit der Möhre statt des Leberwurstbrötchens fuchste ihn gewaltig.
Als er im weißen Kaftan von seiner Frau mit Quark und Gurken maskiert worden war, bat sie ihn in die Küche.
„Sei so lieb und schneide doch in der Zeit, während die Maske wirkt, das Gemüse für heute Mittag. Im Kühlschrank findest du alles – Zucchini, Möhren, Staudensellerie und Paprika."
„Au ja – das gibt eine tolle Gemüsepfanne. Was brätst du denn dazu? Hähnchen? Schweinelendchen??"
„Ich brate überhaupt nichts – und eine Pfanne gibt's auch nicht. Wir wollten doch entschlacken, oder? Ich tue das alles in den Mixer, und dann trinken wir ein leckeres Smoothie."
„Und was machst du in der Zeit?"
„Ich gehe jetzt ins Bad, werde meine Maske entfernen, ein vitalisierendes Moorschlammbad nehmen und anschließend meine Haut peelen. Das dauert eine Weile. Du kannst aber während des Gemüseschneidens noch was Gutes für dich tun. Ich habe hier zwei Birkenrindentrichter mit einer speziellen Tinktur."
„Die sehen ja aus wie 'ne Tüte! Soll ich jetzt zum Hängenlassen auch noch kiffen??"
„Nein nein, die werden jetzt angezündet und dann in die Ohren gesteckt. Das ist ein altes Indianermittel. Das rei-

nigt die Gehörgänge. Haben wir alles beim Wellness gelernt. Du wirst sehen, wie gut du nachher hörst. Ach ja – und vergiss die Granatäpfel nicht. Alles schön entkernen, du weißt ja."

Seine Frau verschwand im Bad und mein Freund machte sich an die Arbeit. Vor sich das Schneidebrett mit dem Gemüse-Allerlei auf der Arbeitsplatte, schnitt er gewissenhaft und mit der ihm eigenen Akribie sämtliche Feld- und Gartenfrüchte für den Mixer zurecht. Er bediente sich dabei fachmännisch und umsichtig des Gemüsemessers. Wer so ein Gemüsemesser kennt, der weiß um seine Ausmaße: Die Klinge misst gut und gerne 20 Zentimeter und verbreitert sich von der Spitze bis zum Schaft auf 5 Zentimeter. Mit diesem Messer kann man einen Grizzly-Bären töten.

Es schellte. Mein Freund ging mit dem Messer in der Hand zur Tür und öffnete. Vor ihm stand kein Grizzly, sondern Frau Katschmarek, die Nachbarin, in ihrem kurzen Geblümten. Frau Katschmarek ist Anfang vierzig, feminin-rundlich und ledig.

Wer sich jahrzehntelang mindestens einmal pro Tag beim Rasieren im Spiegel sieht, glaubt zu wissen, wie er aussieht. Das glaubte auch mein Freund, vergaß dabei jedoch, wie er aussah. Frau Katschmarek sah nämlich nicht den ihr bekannten Nachbarn, meinen Freund, sondern ein mit einem langen Messer bewaffnetes Ungeheuer. Sein Gesicht war mit weißem Kleister und grünen Gurkenscheiben bedeckt und in seinen Ohren

steckten qualmende Tüten. Sein weißes Gewand war über und über mit roten Flecken bespritzt – Granatapfelsaft, was Frau Katschmarek aber nicht wissen konnte. Sie stieß einen Entsetzensschrei aus, riss abwehrend ihre Arme hoch, machte einen großen Schritt zurück, stolperte dabei über ihre Fußmatte und landete rücklings halb im Hausflur und halb in ihrer Diele.
„Wer sind Sie? Was haben Sie mit meinem Nachbarn gemacht?!“ kreischte sie. Mein Freund ließ nun seinerseits vor Schreck das Messer fallen und eilte ihr nach, um ihr beim Aufstehen zu helfen. Dabei fielen ihm mehrere Gurkenscheiben aus dem Gesicht. Er trat darauf, rutschte aus und fiel mit den Worten „was ist denn los, Frau Katschmarek“ auf seine Nachbarin, was eine gewisse Blöße nach sich zog.
Von dem Lärm im Treppenhaus angelockt erschien just in diesem Moment seine Frau, vom Scheitel bis zur Sohle schwarz vom Moorschlamm und nur notdürftig mit einem Handtuch bedeckt.
Wieder einmal steht der Chronist vor der kaum lösbaren Aufgabe, mehrere gleichzeitig und durcheinander geäußerte Ausrufe in Schriftform wiederzugeben:
„Was machst **du denn da** auf unserer **Nachbarin**??“
„**Ich** bin’s doch nur, Frau Katschmarek!!“
„Sind Sie **wirklich** mein **Nachbar**??“
„Ja sag mal, du hast ja einen nackten **Hintern**!!“
„Das war doch **deine** Idee! Ich sollte mich doch **freimachen**. Alles **hängen** lassen!!“

„Wer ist denn die **Negerin** da in Ihrer Wohnung?"
„Negerin sagt man nicht, Frau Katschmarek!"
„Na, dann die Schwarze!"
„Schwarze sagt man auch nicht. Die Schwarze ist meine Frau. Die kennen Sie doch!"
„Komm sofort von Frau Katschmarek runter!!"
„Liebling, es ist nicht **so**, wie du denkst. Es sieht anders aus, als es **ist**, glaub mir."
(Diese zwei Standardsätze liest man in jedem Roman und hört man in jedem Film – alle Plagiatvorwürfe sind deshalb unbegründet).

„Mach mir mochma eimem Mummer fehm!" nuschelte mein Freund kauend und schmatzend.
„Bitte noch einen Döner, Mehmet", wiederholte er dann und schluckte den letzten Bissen hinunter, „ich hab vielleicht einen Kohldampf, das könnt ihr euch gar nicht vorstellen."
„Ischreimisch weg, Alter!!" brüllte Mehmet vor Lachen und schlug sich auf die Schenkel, „hastu die Walküre plattgemacht? Isja wie Oper von diesem Rischard! Un deine Frau? Issie immer noch sauer auf disch?" Mehmet wischte sich die Lachtränen aus den Augen und gab meinem Freund einen neuen prallen Fladen mit Fleisch, Salat und Soße.
„Hier, ischenk dir den Döner. Ischab noch nie so eine Story gehört, ischwör!! Hastu abgenommen bei Wellness? Waswiegstu, Alter? Hastu alles hängen lassen??"

Mein Freund biss wie ausgehungert in den Fladen und winkte kauend ab.

„Drei Kilo!“

„Wie ist denn nun die Geschichte ausgegangen?“ wollte ich von ihm wissen.

„Meine Frau hat mich von unserer Nachbarin geholt, die sich gottlob nichts getan hat, weil sie weich gefallen ist. Mein Kaftan ist total versaut vom Granatapfelsaft, ich bin immer noch knitterig, weil ich mich geweigert habe, mir weiterhin Gurken ins Gesicht zu klatschen, bei meinem Sturz auf Frau Katschmarek sind mir die glimmenden Tüten aus den Ohren gefallen und haben ihr das Geblümte versengt, schlecht hören kann ich immer noch gut – und ich habe das ganze Wochenende nur Möhren und Smoothies bekommen. **Drei** Kilo hab ich abgenommen. Mehmet, bring mir ein paar Köfte bitte – Nummer hab ich vergessen.“

„Es heißt, dass wir Könige die
Ebenbilder Gottes seien.
Ich habe mich daraufhin im
Spiegel betrachtet.
Sehr schmeichelhaft für den
lieben Gott ist das nicht“

Friedrich der Große

Diese Geschichte ist für Orti. Orti ist ein Typ. Er findet meine Texte zwar ‚goethe-esk', aber er liest nicht so gerne. Er ist mehr so der visuelle Typ, sagt er. Orti braucht Bilder. Da ich aber leider kein Comic-Zeichner bin, werde ich versuchen, für Orti einen Comic zu **schreiben** – mit allem, was dazugehört.

Eine Gutenacht-Geschichte

Opa, erzählst du mir noch eine Geschichte?
Ja, gerne, mein Junge. Was willst du denn hören? Soll ich dir ein Märchen erzählen? Vielleicht das von Hänsel und Gretel? Dabei kannst du fein einschlafen.
Ja, lass hören, Opa!
Also: (**hust, hust**) In einem großen Wald wohnte ein armer Holzhacker mit seiner Frau und –
*Was ist denn ein Holzhacker, Opa (**staun, staun**)?*
Ja, wahrscheinlich ein Waldarbeiter. Der hackt Holz, um es zu verkaufen.
*Wozu denn das? Wer kauft denn Holz (**kicher**)?*
Das kaufen die Leute für den Ofen. Damit sie es schön warm haben und –
*Wie jetzt? (**kicher, kicher**) Wer ist denn so blöde und macht in der Wohnung ein Feuer? Haben die keine Heizung in der Bude?*
Früher hatte man in der Wohnung einen Ofen. Soll ich jetzt weiter erzählen (**seufz**)? Also der lebte da mit seiner Frau und seinen zwei Kindern; der Junge hieß Hänsel und das Mädchen Gretel. Er hatte wenig zu beißen

und zu brechen, und –

*Hatte der keine Zähne mehr, Opa? Und warum wollte der brechen? War dem schlecht (**feix**)?*

Nein, (**stöhn, stöhn**) das sagte man früher so, wenn man arm war und wenig zu essen hatte.

*Ach so (**grübel, grübel**) – Hartz vier!*

Und einmal, als eine große Teuerung ins Land kam, konnte er das tägliche Brot nicht mehr kaufen. Wie er sich nun –

Das war wohl, als der Euro kam, Opa! Seitdem ist alles teurer, sagt Mama. Da hätte er doch bei Lieferando Pizza bestellen können, wenn er kein Brot hatte!

Damals gab's keine Pizza!! Wie er sich nun abends im Bett seine Gedanken machte und sich vor Sorgen herumwälzte, seufzte er und sagte zu seiner Frau: Was soll aus uns werden? Wie können wir unsere armen Kinder ernähren, wenn wir (**gäääääähn**) für uns selbst nichts mehr haben? Weißt du was, Mann, antwortete sie, wir bringen morgen früh unsere Kinder in den dichten Wald, machen ihnen ein Feuer an, geben jedem noch ein Stück Brot, dann gehen wir an unsere Arbeit und lassen sie allein. Sie finden den Weg bestimmt nicht zurück und wir sind sie los. Der Mann war –

*Sag mal, Opa, ist die Alte plemplem? (**kicher, kicher**) Im Sommer im Wald ein Feuer zu machen? Will die alles abfackeln?*

Der Mann war entsetzt und sprach zu seiner Frau: Wir können unsere Kinder doch nicht so einfach im Wald allein lassen, das bringe ich nicht übers Herz! Aber sie schalt ihn dumm und redete so lange auf ihn ein, bis er einwilligte. Die zwei Kinder hatten vor Hunger auch nicht einschlafen können und gehört, was die Stiefmutter zum Vater gesagt –

*Was ist denn eine Stiefmutter, Opa (**kreisch, kreisch**)? Ist die etwa steif? Hat die es im Kreuz?*

Nein, das ist seine zweite Frau. Das ist nicht die Mutter von Hänsel und Gretel (**ächz, stöhn**).

*Ach so – wie bei Kevin. Sein Vater hat auch eine andere Frau, das ist die Mutter von Chantal. Kevins Mutter lebt jetzt mit seiner Schwester bei (**grübel, grübel**) Heribert, das ist der Vater von Justin. Justins Mutter hat auch einen neuen Freund, das ist der Mann von –*

Soll ich jetzt weiter erzählen (**stöhn, ächz**)? Also: Gretel weinte und sagte zu Hänsel: Jetzt ist es um uns geschehen. Aber Hänsel beruhigte sie und versprach ihr, ihm würde schon was einfallen. Und als die Alten eingeschlafen waren, ging er hinaus und sammelte im Mondlicht (**gääääähn**) viele weiße Kieselsteine. Als der Tag anbrach, kam die Frau, weckte die Kinder, gab jedem ein Stück Brot und sagte zu ihnen: Da habt ihr was für den Mittag. Mehr gibt es nicht! Danach machten sie sich alle zusammen auf den Weg nach dem –

*Wie, ohne sich zu waschen? (**staun, staun**). Und ohne Nutella?? Aber keine Schule?? Das ist ja voll krass – Mann, haben die es gut, Opa (**seufz**)!*

Auf dem Weg blieb Hänsel aber immer wieder stehen

und sah sich um. Dabei ließ er jedes Mal einen Kieselstein fallen. Als sie im –
*Warum, Opa (**kratz, kratz**)?*
Damit hat Hänsel eine Spur gelegt, um den Weg zurück zu finden!
*Ist der blöd? (**kreisch, kicher**) Warum hat der nicht sein Smartphone mitgenommen? Damit weiß er doch immer, wo es lang geht.*
Damals gab's kein Smartphone, Junge.
*Was? Es gab kein Smartphone? (**brüll, kreisch**) Willst du mich verarschen, Opa?*
Als sie im Wald ankamen (**grummel, grummel**), sollten die Kinder Holz sammeln. Dann machte der Vater ein Feuer und die Frau sprach zu ihnen: Nun legt euch ans Feuer und ruht euch aus, während wir in den Wald gehen und Holz hauen. Wenn wir fertig sind, holen wir euch ab. Dann gingen beide in –
*Also das zeckt mich jetzt aber an, Opa! (**schimpf, brüll**), der Vater lässt die Kids alleine?? Der wehrt sich nicht gegen die steife Mutter?? Der hat wohl keine Eier, ey!*
Was hat der nicht (**hüstel, hüstel**)??
Keine Eier, Opa!
Hrrmm! (**räusper**) Dann gingen beide in den Wald und kamen nicht wieder, um die Kinder abzuholen. Es wurde Nacht, und Hänsel und Gretel fanden im Mondlicht die glänzenden Kieselsteine auf dem Weg und kamen nach Stunden endlich zuhause an. Die Stiefmutter schimpfte mit ihnen und tat so, als hätten sie und der

Vater nach den Kindern gesucht. Am nächsten Abend im Bett sprach sie dann zu ihrem Mann: Mann, wir müssen die beiden morgen noch tiefer in den Wald bringen, dann finden sie bestimmt nicht wieder zurück. Der Mann grämte sich wieder, willigte aber schließlich ein.
So'n Weichei! Das hätte mein Papa ***niemals*** *mit mir gemacht (****schluchz****). Aber sag mal, Opa (****grübel, grübel****): Heißt der Mann ‚Mann'? Hat der keinen Namen?*
Wie der heißt, weiß ich leider auch nicht. Aber weiter: Die Kinder hörten das natürlich und Gretel weinte wieder bitterlich, aber –
*Allmählich geht die mir (****knurr****) auf die Ketten, die Gretel. Zickenalarm! Kein Smartphone und nicht mal ein Handy, aber rumheulen. Gibt's doch gar nicht, Opa!*
. . . aber Hänsel wollte wieder hinaus, um Kieselsteine zu sammeln. Diesmal hatte er jedoch kein Glück, denn die Tür war verschlossen. Am nächsten Morgen gab es ein Stück Brot, und dann ging es wieder in den Wald, tiefer und tiefer. Irgendwann machten sie wieder ein Feuer an und die Eltern –
*Opa, das ist ja stinklangweilig (****gääähn****), da ist ja überhaupt keine Action. Die latschen jetzt schon zum zweiten Mal in den Wald. Wann wird das denn spannend??*
Wart's ab, Junge (**grummel, knurr, grummel**). Weil Hänsel keine Kieselsteine hatte, nahm er sein Brot und streute Krümel auf den Weg, damit sie abends wieder eine Spur nach Hause hatten.
*Der ist ja total bekloppt, Opa (****gäääähn****). Erstens glän-*

zen Brotkrümel nicht, und zweitens picken die Vögel die doch auf. Das weiß doch jeder Schwachkopf!!

Sag mal, kennst du das Märchen schon??

*Nee, so komische Sachen kenn ich nicht. Aber ich kann dir mal Spiele auf meinem Gameboy zeigen, boa ey, da würdest du Augen machen (**kicher, kicher**) . . .*

Ja gut, wie du schon gesagt hast, waren alle Brotkrümel verschwunden, und die beiden Kinder verliefen sich im Wald. Sie liefen . . . und (**gäähn**) liefen . . . und –

*. . liefen und liefen . . Mensch, Opa, mach hinne (**seufz**).*

Soll ich jetzt erzählen oder nicht (**brummel**)? Also, sie liefen zwei Tage und zwei Nächte und wären beinahe verhungert, als sie plötzlich –

*Gab's in dem ganzen doofen Wald denn keine Döner-Bude oder sowas? Oder 'ne Currywurst mit Pommes? Das ist ja ätzend (**gääääähn**)!*

. . . . als sie plötzlich ein weißes Vögelchen sahen. Das Vögelchen flog vor . . . (**gääääähn**) ihnen her und sie folgten ihm, bis sie auf eine Lichtung stießen und vor einem . . . (**gäääähn**) Häuschen aus Lebkuchen standen.

*Lebkuchen??? Igitt (**schüttel, schüttel**)!!*

Sie freuten sich sehr, brachen von dem süßen Kuchen große Stücke ab und aßen sich satt. Plötzlich hörten –

*Lebkuchen???!!! Pfui Deibel!!!! Wer isst denn sowas (**würg, würg**)??*

Ist ja gut! Reg dich ab! (**gäääähn**) Plötzlich hörten sie eine krächzende Stimme aus dem Haus: Knusper knusper knäuschen, wer knabbert an meinem Häuschen? Und –

***Hahahahahahaha**, Opa, hör auf, ich lach mich kaputt! Hast **du** dir den Quatsch ausgedacht?? Das schockt ja total . . . ich kann nicht mehr . . . **hahahahahaha**!!*
Was gibt's denn da zu lachen?? Pass auf: Hänsel und Gretel antworteten: Der Wind, der Wind, das himmlische Kind!
***Huuaahahahahahaha**, hör auf, hör auf, das ist ja vielleicht eine geile Geschichte (**stöööhn, stööhn, japs**)!!!*
Die ist **geil**? Wieso ist die denn **geil** (**räusper, räusper**), was sind denn das überhaupt für Ausdrücke?? Also: Plötzlich kam eine . . . alte Frau aus dem . . . Haus geschlurft. Sie hatte rote Augen, eine Hakennase mit einer Warze darauf . . . und nur noch wenige schiefe Zähne im Mund . . . (**gääääähn**).
*Boa ey, Opa, die sieht aber scheiße aus, oder (**würg**)?!*
Junge, scheiße sagt man aber nicht!
Na gut, dann eben kacke, dann sieht sie eben kacke aus!
(**Seufz**) Die Alte tat ganz lieb, war aber eine Hexe –
Opa, gibt's überhaupt Hexen?
Nein, nein, die gibt's nicht und die gab's nicht!
Und warum erzählst du dann so einen Müll?
Das ist doch ein Märchen, ein Märchen von den Gebrüdern Grimm, das ist doch kein Müll, Junge (**groll**)!
Das ist Bullshit, Opa, was die Brüder da labern, echt!
Na, jedenfalls sperrt die Hexe Hänsel ein, weil sie ihn mästen und dann verspeisen will –
*Aaah, jetzt wird's spannend. Menschenfresser! (**grusel, grusel**)!! Ich habe bei Kevin einen Horrorfilm gesehen,*

da hat ein Monster mit einer Kettensäge –
Waaas (**schluck**)??!! Du schaust dir bei deinen Freunden **Horrorfilme** an? Sag mal, wissen das deine Eltern (**schluck, schauder**)??
*(**wisper, wisper**) Nee, aber verrat mich nicht, Opa, sonst wollen die auch noch sowas sehen, und das vertragen die nicht (**grins**). Komm, erzähl weiter!*
O Gott, was für eine Welt (**schüttel, schüttel**). Also, die Hexe füttert . . . (**gääääääähn**) . . . Hänsel mit allerlei Köstlichkeiten –
*Pizza? Spaghetti mit Tomatensoße?? Erdnusschips??? Schokolade (**lechz, lechz, schluck, schlabber**)????*
Ja, meinetwegen . . . und Gretel (**gäääähn**) . . . Mann, bin ich plötzlich müde . . muss derweil arbeiten . . . und die Hexe prüft alle paar Tage, ob Hänsel schon fett ist, damit sie ihn . . . (**tsssssss**) . . . (**tsssssss**) . . .
*Opa, **Opa**, nicht einschlafen . . . erzääähhlen . . .*
. . . . schlachten kann. Dazu soll er immer seinen Finger durch . . . (**tsssss**) . . . (**tsssss**) . . . das Käfiggitter stecken, und die Hexe befummelt ihn dann. Aber Hänsel steckt immer . . . (**gääääähn**) . . . einen kleinen Knochen hindurch, und da die Hexe nicht gut sehen kann . . . (**tssss**) . . . (**tsssssss**) . . .
***Ooo-paaa!!!** Woher hat der den Knochen? In der Pizza und in den Spaghetti sind keine Knochen (**grübel**).*
. . . sehen kann, denkt sie, er würde mager bleiben. Dann reißt ihr . . was meintest du gerade? Ach so, da wird sie ihm mal ein Brathähnchen gegeben . . . (**schnarch**) . . .

***Oooo-paaa**, weiter!!*
. . . . reißt ihr der Geduldsfaden. Sie will den . . . (**tsssss**) . . den Hänsel will sie jetzt schlachten und braten. Gretel soll den Backofen anheizen . . . (**gäääähn** . . . **gääääähn**) . . . (**tssssssss . . . schnarch . . . tssssss . . . .schnarch**).
*Opa, Ooo-paa, **Opppa**!!!*
Hu (krächz) . . . wo war ich . . . ach ja, Gretel macht im Backofen das Feuer an, und als es richtig schön brennt, soll sie da hineinkrabbeln und die Hitze prüfen . . . . . Aber Gretel weiß, dass die Hexe sie auch braten will. Nein, sagt Gretel, das kann ich nicht, die Ofentür . . . (**tsssss . . . schnarch . . . tsssss**) . . . . ist zu klein. Schnickschnack, du dumme Gans, schimpft die Hexe, ich zeige dir, wie's geht, und beugt sich in die Ofentür . . . und (**gääääääähn**) Gretel stößt die Alte hinein – und die Hexe verbrennt . . . . .(**tssssssssss**) . . . . . .
*Voll cool, die Tussi! Echt geil! Eine krasse Geschichte, Opa (**klatsch, klatsch, klatsch**) . . . **Ooo-paa**!!*
. . . . und Gretel befreit Hänsel und . . . sie rennen nach Hause . . . . und der Vater freut sich wie toll . . . und die Stiefmutter ist . . . (**tsssss . . . . schnarch . . . . tsssss . . schnarch . . . tsssss . . . schnarch . . .**) . . .
***Ooo-paa, Ooooo-paaaa (brüll, schüttel, schüttel)** . . . .*
*Mama, **Mama** . . . . . . (**wisper, wisper**) Mama, Papa, kommt mal eben und bringt Opa ins Bett. Der ist gerade bei der steifen Mutter eingeschlafen . . .*

„Die Torte im menschlichen Antlitz ist einer der bedeutendsten Einfälle des internationalen Humors“

Loriot

Arzt-Gespräche

„Ich war gestern beim Arzt“, erzählt mir mein Freund – diesmal der mit der Frau mit dem Katzenpilz (*), „und weißt du, wie er mich begrüßt hat?“
„Mit ‚Guten Tag‘, nehme ich an“, mutmaße ich.
„Nein, mein Lieber, er sagte: ‚Nun, wie geht's uns denn heute?‘ Das war für mich, ich gebe es zu, eine ziemlich schwierige Frage. Wie es *mir* gestern, also heute, ging, das wusste ich ja – schlecht! Sonst wäre ich ja nicht zu ihm gegangen und er hätte mir diese Frage gar nicht stellen können. Aber woher sollte ich wissen, wie es *ihm* gestern, also heute, ging? Ich hätte auch nicht gewusst, wie es ihm vorgestern, also gestern gegangen ist – oder wie es ihm morgen, also heute, gehen würde – verstehst du, was ich meine?“
Abgesehen von seinen etwas verwirrenden Tempi verstehe ich ihn. Auch ich habe es hin und wieder mit Ärzten zu tun, die bei ihren Fragen nach der Befindlichkeit stets eine Gemeinschaft mit dem Patienten bilden. Ich habe das in einer Zeit, als Mediziner noch als Halbgötter in Weiß angesehen wurden, immer für eine Art Versuch des Niederreißens von Schranken und Aufhebung irgendwelcher Klassenunterschiede angesehen. Heute ist das meistens anders. Heute, in Zeiten des Dienstleistungsgedankens, gibt es diese nahezu unterwürfige Respektbezeugung der Patienten nicht mehr. Heute ist der

Patient Kunde, und der Kunde ist König. Aber die Bildung der Zweierbeziehung – „wo fehlt es *uns* denn heute?“ – hat sich bei einigen Ärzten in die Jetztzeit hinübergerettet. Wenn ich bei meiner Zahnärztin im Stuhl sitze – ach, was sage ich: wenn ich bei ihr auf der Liege liege, werde ich von einer hübschen, jungen Sprechstundenhilfe bereits auf die angenehmste Weise vorbereitet: sie bindet mir den Latz um, füllt mein Glas mit warmem Wasser und erzählt mir mit glockenheller Stimme von ihrem neuen Freund, fragt, ob ich ihn nicht zufällig kenne, wo ich doch so viele Leute kennen würde, er wäre früher in der und der Druckerei gewesen und würde heute bei ALDI arbeiten. Ich bejahe höflich und verdränge dabei mein Unbehagen, die nächste Viertelstunde betreffend. Dann erscheint meine Ärztin, fragt mich, welcher Zahn uns heute quält, verpasst mir zwei Betäubungsspritzen und erzählt mir von ihrem letzten Urlaub, bis die Spritzen wirken und sie sich mit dem Bohrer über mich beugt und dabei ihren weichen Busen an meine rechte Wange drückt. Und dann beginnt das, was man psychologische Kriegsführung nennt. Sie beginnt mich abzulenken:
„So, nun machen wir mal schön den Mund auf – gaaanz weit auf – so ist es gut.“
Ich reiße meinen Mund auf und gebe mich ihr hin – also mein Gebiss natürlich – und warte auf die zweite Stufe.
„Was möchten wir denn für eine Musik hören? Musik entspannt – und wir wollen uns doch entspannen, nicht

wahr? Was soll Jeanine für uns abrufen?"
„Hoo-haa!" versuche ich zu artikulieren.
„Mozart? Oder nicht doch lieber Beethoven?"
„Hich Heee-hooo-heen!" verneine ich, denn Beethoven wühlt mich immer so auf, und wir wollen uns doch entspannen, nicht wahr? „Hii-ha Hoo-haa!"
„Also lieber Mozart! Jeanine, sei so gut und ruf mal die Kleine Nachtmusik auf."
Jeanine steht mehr auf ACDC und ist in der Klassik nicht so bewandert. Sie findet Mozart nicht.
„Sie findet Mozart gerade nicht. Was hören wir denn noch gerne?"
„Hii-haa-hii!" versuche ich mit weit geöffnetem Mund zu antworten, und meine Zahnärztin versteht mich!
„Also dann Vivaldi! Jeanine, dann ruf doch mal von Vivaldi die Quattro Stagioni ab."
Jeanine hat heute ihren schlechten Tag. Aber auch an ihrem besten Tag hat sie von Barockmusik keine rechte Ahnung. Sie kann Vivaldi nicht finden.
„Na gut, dann unterhalten wir uns einfach ein bisschen. Wohin verreisen *Sie* denn dieses Jahr?"
Haben Sie schon mal versucht, liebe*r Leser*in, mit weit geöffnetem Mund Ihre Urlaubsplanung kundzutun? Stecken Sie sich mal einen Korken hochkant zwischen die Schneidezähne und sagen ‚Willi ist krank'. Ihr Gegenüber – ebenfalls mit einem Korken zwischen seinen Zähnen – soll dann antworten ‚Was hat er denn?' Dann sind Sie wieder dran und erfinden eine Krankheit,

die schön kompliziert klingt. Ihr Gegenüber gibt die Frage und die Krankheit dann an die nächste Person weiter und ergänzt die Mitteilung um eine weitere Diagnose – aber immer mit einem Korken zwischen den Zähnen. Mit diesem Spiel – von J.v.d.L. während einer Talkshow vorgestellt – sprengen Sie jede langweilige Party, das garantiere ich Ihnen. Aber ich bin abgeschweift. Wohin ich in meinem Urlaub fahre, wollte meine Ärztin während der intensiven Entfernung einer fortgeschrittenen Karies wissen.

„Haa I-hhaa-hi-hen!“ Mein Gott, war ich froh, dass ich in diesem Jahr nicht nach Österreich wollte.

„Schööń den Mund offenhalten – aha, nach Italien. Und wohin da?“

„Ah hii Ah-hi-ha!“

„Toll, an der Adria war ich im vorigen Jahr. Fahren Sie auch nach Ancona?“

„Hei, iih haa-he haa Hi-hi-hi!“

„Nach Rimini! Da war ich vor zwei Jahren! Da müssen Sie un-be-dingt bei Roberto in seiner Trattoria vorbeischauen. Eine grandiose Küche, sage ich Ihnen.“

„Hi hei hi heeee?“

„Die heißt ‚Cantina Siciliani‘ – Roberto kommt nämlich aus Palermo. Waren Sie schon mal dort?“

„Hoo? Ih Ha-her-ho? Hei!“

„Dann wäre das mal ein Tipp fürs nächste Jahr.“

Jeanine kommt an die Liege und erklärt stolz, sie hätte soeben – wie, weiß sie auch nicht – Khatchaturians Sä-

beltanz gefunden. Den will sie mir jetzt abrufen.
„Hei-hei-hei", rufe ich, denn der Säbeltanz bringt mich immer zur Raserei, und das geht jetzt nicht, denn wir wollen uns doch entspannen, nicht wahr? Aber Jeanine missversteht das und glaubt, ich will mitsingen. Die ekstatische Musik erklingt, und wie immer, wenn ich sie höre, fangen meine Füße an, im Takt zu zucken. Das wiederum missversteht meine Zahnärztin. Sie glaubt, die Wirkung ihrer Spritzen lässt nach und verpasst mir noch eine Dröhnung.
„Hei-hei-hei", rufe ich noch, aber vergebens. Und dann entspannen wir uns total und ich bin für eine Fortführung meiner Urlaubspläne nicht mehr zu gebrauchen.
„ Uns tut doch nichts weh, oder?"
„Hei", verneine ich – und dann weiß ich nichts mehr.

Wie kam ich denn jetzt auf meine Zahnärztin? Ach ja, die Frage der Ärzte, wie es *uns* denn heute geht . . .
Unser Freund Christoph (den gibt's wirklich), ein Gastroenterologe, macht das gottlob ganz anders. Er setzt schon bei der Begrüßung positive Zeichen. Wenn man sein Sprechzimmer betritt, empfängt er seine*n Patient*in mit einem freudigen „Naaaaa?! Alles gut??!!"
Ich bejahe diese Frage immer. Eine Darmspiegelung ist zwar absolut nicht schlimm, aber man muss sie ja auch nicht unbedingt provozieren . . .

(*) *siehe „Die Diagnose" im Buch* ***„nee, echt jetzt?!"***

„Humor ist die Medizin,
die am wenigsten kostet
und am leichtesten
einzunehmen ist“

Giovanni Guareschi

Werbung

Es ist kurz vor 20 Uhr. Der Fernsehabend beginnt. Er beginnt bei uns immer mit der Tagesschau. Um die Fanfare nicht zu verpassen, schalten wir stets ein paar Minuten früher ein. Deshalb erwischt uns so zwangsläufig wie regelmäßig die Information über die innovativen Neuerungen, ohne die man im Leben nicht mehr zurechtkommt – wenn man den Herstellern glauben mag. Und so sieht man beiläufig, wo man einkaufen muss, wenn man keine halben Sachen macht und es gut werden soll, man erfährt, wie man aussieht, wenn man ein Schlankheitsmittel trinkt und anschließend in Zeitlupe über den Strand läuft und dass man ein König ist, wenn man ein Bier trinkt, was ein König ist. Neulich aber gab es mal was Neues. Eine Dame um die dreißig lacht mich an und erzählt mir: „Ich lache, ich niese und ich habe Blasenschwäche. Ich trage Slipeinlagen – und keiner sieht was.“ Dann dreht sie sich um und geht.

Diese Offenbarung lässt mich nachdenklich zurück. Sie beschert mir mehr Fragen als Antworten, stelle ich fest. Ich lache und niese auch, habe aber keine Blasenschwäche. Bedingt das eine das andere? Lacht und niest die Dame, *weil* oder *obwohl* sie Blasenschwäche hat? Andersherum: Hat sie Blasenschwäche, weil sie lacht und niest? Hätte die Dame keine Blasenschwäche, wenn sie weinen würde? Haben alle, die lachen und niesen, Bla-

senschwäche, nur ich nicht? Und was passiert, wenn ich nicht mehr lache und niese?
Ich ziehe ernsthaft in Erwägung, mich diesen Rätseln auf wissenschaftlicher Basis zu nähern, um fundierte Ergebnisse zu erlangen. Ich werde mich als Meinungsforscher von Infratest oder Forsa ausgeben. Vorsichtshalber setze ich mir eine Sonnenbrille auf , dann erkennt mich keiner.
Gesagt – getan. Am nächsten Tag stehe ich mit einem Fragebogen auf der Wilmersdorfer. Ich suche Antworten auf die Fragen a) ‚lachen Sie', b) ‚niesen Sie' und c) ‚haben Sie Blasenschwäche'. Die Frage d) ‚tragen Sie Slipeinlagen' habe ich auf dringende Intervention meiner Frau gestrichen. Ich spreche die erste Dame an. Sie beäugt mich eindringlich und befindet mich wohl für vertrauenserweckend.
Ja, sie lacht – nicht immer, aber ja! Ein Kreuz.
Ja, manchmal niest sie auch. Noch ein Kreuz.
Ob sie **was** habe? Blasenschwäche??
Ob ich wohl noch alle Tassen im Schrank hätte??!!
Sie dreht sich von mir weg wie die Dame in der Werbung. Man sieht nichts. In der logischen Konsequenz des Werbespots trägt sie also eine Slipeinlage.
Also hat sie Blasenschwäche. Also mache ich ein drittes Kreuz.
Die zweite Dame nähert sich – viel jünger als die erste.
„Lachen Sie?"
Sie kichert. Kreuz!!

„Niesen Sie?“
Sie kichert und nickt. Kreuz!!
„Haben Sie Blasenschwäche?“
Sie kichert. Blasen**was**? Kein Kreuz!!!
Die dritte Dame steuert auf mich zu: mittelalt, kurzer Rock, Netzstrümpfe, stark geschminkt.
„Darf ich Sie was fragen?“
„Mach hinne, ick muss zur Arbeit!“
„Lachen Sie?“
„Ick hab nix zu lachen!!“
„Niesen Sie?“
„Wenn ick mir im Winter vakühle, nies ick!“ Kreuz.
„Haben Sie Blasenschwäche?“
„Ick hör wohl nich recht!! Ob ick beim Blasen schwächele? Männeken, Sie können Fragen stellen . . . !!!“
Da trippelt sie ab. Kein Kreuz.
Ein Paar kreuzt meinen Weg. Soll ich's wagen?
„Ich hätte da ein paar Fragen. Wären Sie so nett? . . . . . Lachen Sie?“
„Ich lach mich gleich kaputt!“ Er. Kreuz!
Sie grinst. Ist das jetzt ein Ja oder ein Nein? Kreuz!
„Niesen Sie?“
„Watt? Jezz sofort? Geht nich!“ Er. Aha, einer von den sechs Millionen Berlin-Besuchern. Aus dem Ruhrpott. Trotzdem ein Kreuz!
Sie grinst. Ich nehme das als Zustimmung. Kreuz!
„Haben Sie Blasenschwäche?“
„Watt?? Ich?? Ich hab ‘ne Blase wie'n Brauereipferd.

Ich pinkel die Kacheln vonne Wand!“ Also kein Kreuz.
„Und Sie??“
„Hömma gut zu, Kumpel! Die Blase von meine Frau geht dich gar nix an, datt datt ma klaa is!! Noch sonne blöde Frage, und du kriss voll eins auffe Nuss!“
Kein Kreuz! So komme ich nicht weiter.
Jemand tippt mir auf die Schulter. Ich drehe mich um – und stehe vor Mehmet. Mehmet grinst mich an.
„Was machst du denn hier? Bist du nicht im Imbiss?“
„Hab heute mal Ruhetag! Isch seh, machstu Umfrage, Alter?! Hey, frag misch!! Was willstu wissen?“
„Lachst du, niest du, hast du Blasenschwäche?“
„Bistu meschugge, Alter?“
Ich erzähle ihm von der Werbung. Mehmet kreischt vor Vergnügen und schlägt sich auf die Schenkel.
„Echt jetzt, fragstu Frauen nach ihrer Blase?? Kannstu nich machen, Alter! Lass lieber! Ischerklär dir! Meine Frau lacht und niest bei Pfeffer auf Köfte! Und sie hat vier Kinder. Undeshalb, Alter, hat sie schwache Blase. Is das ganze Geheimnis, ischwör! Wennisch nächstes Mal dein Freund erzähl deine Umfrage, der macht sisch nass vor Lachen. *Der* hat dann *auch* schwache Blase, wallah.“
Ich beende die Feldforschung. Thema erledigt. Gestern vor der Tagesschau erzählte eine Dame strahlend, sie leide unter Verstopfung, aber seit sie Luxoflott nimmt, führt sie ab wie nix! Das hat mich neugierig gemacht. Ich werde der Sache mal auf den Grund gehen . . .

Rabatt

Champagner gibt's im Angebot,
wer keinen hat, gerät in Not!
Wohl dem, der ihn gebunkert hat –
Hauptsache Rabatt, Rabatt!

Prozente kriegt man auf Langusten!
Für alle, die es noch nicht wussten:
Ohne die fühlt man sich matt –
Hauptsache Rabatt, Rabatt!

Auf Kaviar gibt's Preisnachlass!
Jungs, das ist ein Riesenspaß,
sonst wär das Leben flach und platt –
Hauptsache Rabatt, Rabatt!

Preiswert sind die Trüffel heute,
den schwarzen müsst ihr kaufen, Leute!
Die halbe Menschheit wird nicht satt –
Hauptsache Rabatt, Rabatt!

„Satire ist Humor,
der die Geduld verloren hat“

Kurt Tucholsky

Zu guter Letzt

Nonsens eins

Wenn blau-weiß
rote Grütze wird
und sauer
süße Sahne,
dann frag ich mich:
Was ist passiert? –
obwohl ich es schon ahne.

Wurst, Schinken, Käse
sind verpilzt
und auch die
Marmelade.
Die Tiefkühlkost
im Eisfach schmilzt –
Kühlschrank im Eimer! Schade!!

Nonsens zwei

Wenn zwei mahl zwei
nicht fier ergiebt,
und zwei mahl fier
nicht achte,
die Wurzel mann
nicht ziet – nein, schiehbt,
dann wüßt‘ ich,
was mann machte.

Im rechnen hat
man nix gebracht,
noch wehniger
im schraiben.
Tja dann, mein Liehber,
guhte Nacht –
dann würd‘ man
sitzenbleiben.

Nonsens drei

Im Raubtierkäfig geht's hoch her,
da rockt der Tiger, steppt der Bär.
Der Löwe, der von gestern ist,
tanzt Bossa Nova oder Twist.

Doch nebenan das Katzenvieh
hat von was And'rem weiche Knie:
Es hat sich zwecks Erhalt der Art
grad sechsmal der Gepard gepaart!

„Auch das schlechteste Buch
hat seine gute Seite:
Die letzte“

John Osborne

Nachwort

Lieber Leser, liebe –in,
das ist es nun gewesen.
Sie haben – hoffentlich vergnügt –
mein letztes Buch gelesen.

Hab‘ ich „letztes Buch“ gesagt?
Sie sollten Zweifel hegen.
Ich würde dafür meine Hand
wohl nicht ins Feuer legen.

Zwar ist es gerad‘ nicht vorstellbar,
dass mich der Hafer sticht,
doch wenn mich meine Muse küsst –
unmöglich wär‘ das nicht.

Euterpe hat zurzeit jedoch
geküsst den letzten Kuss,
und deshalb wiederhole ich:
Jetzt ist erstmal Schluss!!

Hinweis für Wiederholungstäter

und zwischendurch und mittendrin jede Menge Zitate
und Aphorismen von klugen Leuten

Weitere Bücher von Detlef Guhl

nee, echt jetzt ?!

Geschichten vom Wühltisch

Geschichten, die das Leben schrieb . . . Geschichten aus dem Leben gegriffen . . . Jetzt mal ehrlich: Schreibt das Leben Geschichten? Kann das Leben überhaupt schreiben? Ist das Leben eine Grabbelkiste, aus der man was greifen kann? Geschichten vom Wühltisch des Lebens vielleicht? Gut, lassen wir das mal so stehen.
Detlef Guhl schaut sich um, gräbt in Erinnerungen und in Alltäglichem, entdeckt Kurioses, wo seine Mitmenschen Normalität empfinden und spickt diese Geschichten vom Wühltisch des Lebens mit Satire und Ironie wie eine gute Köchin den Hasenrücken mit Speck – damit's für den Leser schön saftig wird.

Splitter

Eine Nachkriegsgeschichte

Eine Nachkriegsgeschichte – wen soll **die** denn interessieren? Die Nachkriegsgeneration wird älter, die Kinder und Enkel dieser Menschen haben 70 Jahre nach dem Ende des 2. Weltkriegs nur vage oder gar keine Vorstellungen von dieser Zeit. Von einer Zeit, in der die Welt aus den Fugen geraten war.
In 22 Splittern des Familienbildes auf dem Cover – nebst Prolog und Epilog – erzählt der Autor aus seiner Erinnerung von den Jahren 1946 bis 1958 – mal augenzwinkernd und satirisch, mal traurig und bitter.
Der rote Faden seiner Erzählung sind die Haare auf Käthes Brust . . .

scheiß auf die Rippe

Gedichte und Geschichten über die Liebe, das Leben und andere Ungereimtheiten

Um Himmels willen, wer liest denn heutzutage **Lyrik**? Zeitgenössische Lyrik versteht man nicht und Gedichte sind langweilig. Stimmt! Stimmt nicht! Es gibt nämlich Lyrik, die man begreift und die deshalb berührt.
Sie kann erfreuen, sie kann traurig machen, sie kann witzig und satirisch sein. Man kann sich in Gedichten wiederfinden, als würde man in einen Spiegel schauen. Detlef Guhl gelingt es, mit seiner Lyrik – mal augenzwinkernd, mal tiefsinnig, aber immer verständlich – die Irrungen und Wirrungen der Liebe und des Lebens in Worte zu kleiden.

ISBN 978-3-7450-2096-0
9 783745 020960 00002
www.epubli.de